Desserts, Dolci, Sweets

W0033396

Rezept	Seite	Kalorien/Portion	Gelingt leicht	Raffiniert	Für Gäste	Gut vorzubereiten	Braucht etwas Zeit	Preiswert	Fettarm	Aus Italien
Zitrusfrüchte in Gewürzsirup	6	90	●						●	
Marinierte Erdbeeren	6	230		●						●
Gefüllte Baby-Ananas	8	190			●				●	
Rhabarber mit Pistazienbaiser	8	230	●						●	
Obstsalat in Hippenschälchen	10	225			●		●			
Kaltes Aprikosensüppchen	12	330	●			●				
Früchtepizza	12	265	●	●						
Thai–Früchte am Spieß	14	55	●						●	
Kakicreme	14	270	●			●				
Beeren–Baiser–Mix	18	390	●		●					
Sahnetürmchen	18	450	●					●		
Früchtesandwich	20	70		●				●		
Gefüllte Papaya	20	100	●						●	
Nektarinen im Glas	22	260	●					●		
Himbeer–Crush	22	280	●					●		
Obst mit Mascarponedip	24	490			●					●
Melonenjoghurt	24	180	●						●	
Karamellisierte Feigen	26	280	●							●
Frischkäsetaler	26	250		●				●		
Geeiste Eierlikörcreme	30	290				●		●		
Aprikosen–Tequila–Creme	30	450			●	●				
Piña–Colada–Becher	32	320		●		●				
Trauben–Cassis–Becher	32	200	●					●		

GU Rezept-

Rezept	Seite	Kalorien/Portion	Gelingt leicht	Raffiniert	Für Gäste	Gut vorzubereiten	Braucht etwas Zeit	Preiswert	Fettarm	Aus Italien
Caipirinha-Creme	34	350		●			●			
Sherrykirschen mit Quarknocken	34	410			●		●			
Amaretti-Amaretto-Mousse	36	380				●				●
Mispeln in Rotweinsauce	36	330		●					●	
Kokosjelly mit Papaya	40	90				●			●	
Kokosreis mit Kiwisauce	40	410	●					●		
Mousse mit Kardamom	42	500				●	●			
Erdbeer-Tiramisu	42	765			●					●
Lebkuchenmousse	44	610			●		●			
Grütze mit Beeren und Feigen	46	310	●			●				
Crème brûlée mit Zitronengras	46	240			●	●				
Saurrahm-Panna cotta	48	240			●	●				
Cappuccinocreme	48	500				●				●
Mandel-Semifreddo	52	280			●					●
Honig-Ingwer-Eis	52	335		●			●			
Frozen Heidelbeerjoghurt	54	260	●					●		
Karibikeis	54	460		●			●			
Rosen-Cremeeis	56	210		●			●			
Geeiste Schoko-Nuss-Würfel	56	270	●		●					
Aprikosen in Weinteig	58	590		●	●					
Bananen in Reispapier	58	210						●	●	
Kirsch-Ricotta-Gratin	60	370	●							●
Zwetschgen-Crumble	60	310	●					●		

Wegweiser

Schön fruchtig

Frische Früchte waren das allererste Dessert in der Menschheitsgeschichte – süß, saftig und verführerisch. Vom Garten Eden über Großmutters Rezepte bis zu den heutigen Kreationen der Starköche hat frisches Obst einen Spitzenplatz in der Welt der Nachspeisen. Durch ihre kräftigen Farben und ihr fruchtig-erfrischendes Aroma sind einheimische wie exotische Früchte in sich zwar schon perfekt, aber etwas verfeinert ein noch größerer Genuss.

Das Aroma macht's

Damit Desserts gut gelingen, Früchte nur in bester Qualität verwenden, also superfrisch und aromatisch. Einheimisches, sonnengereiftes Obst darum am besten in der jeweiligen Hauptsaison kaufen, denn dann ist das Aroma auf dem Höhepunkt. Einige exotische Früchte werden unreif geerntet, weil sie so den Transport besser überstehen. Bananen, Kiwis, Mangos, Papayas und Avocados eventuell bei Zimmertemperatur nachreifen lassen.

Gute Alternativen

Anstelle von frischen Früchten eignen sich ebenso gut tiefgekühlte oder Früchte aus dem Glas oder aus der Dose. Auch das Angebot an konservierten Exoten ist inzwischen erfreulich groß. Als Tipp: Gleich beim nächsten Einkauf einen kleinen Vorrat mit nach Hause nehmen. Falls die Obstkonserven gezuckert sind, eventuell die im Rezept angegebene Zuckermenge reduzieren.

Ob frisch oder tiefgekühlt, ob einheimisch oder exotisch: Früchte sind vom Dessertteller nicht wegzudenken.

Immer wieder neu – Obstsalate

Selbst ein Mathematiker hätte zu tun, die Zahl der möglichen Variationen von einheimischen und/oder exotischen Früchten auszurechnen. Dazu kommt noch die Vielzahl der Marinaden. Ein wenig frisch geriebener Ingwer, ein Stück Zimtstange, etwas fein geschnittenes Zitronengras oder ein Schuss Mandellikör in die Marinade gerührt – schon schmeckt der Obstsalat wieder ganz anders. Es lohnt sich also zu experimentieren.

Köstlich: Vanillesirup

Der schnell gekochte Sirup harmoniert mit allen Früchten und gibt ihnen einen edlen Touch. Für etwa 500 g Früchte 75 g Zucker mit 100 ml Wasser und einer längs halbierten Vanilleschote 5 Min. kochen lassen. Mit Zitronensaft abschmecken und lauwarm über die vorbereiteten Früchte gießen, kurz ziehen lassen. Der Sirup lässt sich auch gut auf Vorrat zubereiten.

Schön als Deko: Zuckerfrüchte

Im Handumdrehen ist diese zauberhafte Dekoration gemacht: Frische Früchte wie Beeren (bei Johannisbeeren die ganzen Rispen), Kirschen oder Weintrauben waschen und sorgfältig mit Küchenpapier trockentupfen. Ein Eiweiß leicht aufschlagen. Die Früchte zuerst rundherum mit Eiweiß bepinseln, dann mit feinem Zucker bestreuen. Den Zuckerüberzug bei Zimmertemperatur trocknen lassen.

Pikant kombiniert

Der Trend, Früchte mit pikanten Gewürzen und Kräutern zu kombinieren, kommt aus der exotischen Küche und bringt überraschende Geschmackserlebnisse. Zum Beispiel, wenn Erdbeerviertel mit Orangensaft und grünem Pfeffer mariniert werden. Statt Pfeffer schmeckt zu Erdbeeren wie zu Pfirsichen auch Basilikum ganz apart. Oder Papayaspalten mit etwas Limettensaft beträufeln und ein wenig getrocknete Chilischote darüber zerbröseln.

Mini-Dessert

Für ein Mini-Dessert eignen sich unter anderem frische Erdbeeren, Kirschen, Trauben, Kapstachelbeeren (Physalis), geviertelte Feigen oder Mandarinenspalten. Die Früchte je zur Hälfte in dunkle geschmolzene Kuvertüre tauchen. Nach Belieben mit Kokosraspeln bestreuen und auf einem Kuchengitter trocknen lassen. Zum Servieren in bunte Pralinenförmchen setzen. Das Mini-Dessert sollte bald serviert werden, denn es bleibt nur einige Stunden makellos schön. Mit den Schokofrüchten lassen sich übrigens auch Cremes besonders dekorativ garnieren.

Ananas, Papaya und Kiwi

Roh enthalten diese exotischen Früchte Enzyme, die Gelatine abbauen und so ihr Festwerden verhindern. Die Enzyme bewirken auch das leichte Bitterwerden von Milchprodukten, wenn man sie mit roher Ananas, Papaya und Kiwi mischt. Der Trick: Die Früchte kurz erhitzen, dann verlieren die Enzyme ihre Wirkung.

Klein, aber oho: Erdbeeren, Kirschen & Co., zur Hälfte in Kuvertüre getaucht, machen optisch und geschmacklich was her.

Zitrusfrüchte in Gewürz-sirup

🟢 Gelingt leicht
🔴 Fettarm

Für 4 Personen:

Für den Sirup:
Saft von 1 Zitrone
1 EL Zucker
1 Päckchen Vanillezucker
4 Kardamomkapseln
1/4 Zimtstange
2 Sternanis
2 Gewürznelken
Außerdem:
2 rosa Grapefruits
2 (Blut-)Orangen
4 Clementinen
1 Zweig frische Minze

Zubereitungszeit: 30 Min.

Pro Portion ca.: 90 kcal
1 g EW/1 g F/21 g KH

1 Den Zitronensaft mit 200 ml Wasser, dem Zucker und dem Va-nillezucker in einen kleinen Topf geben. Kardamomkapseln an-quetschen, die Zimt-stange, Sternanis und Gewürznelken zufügen. Alles aufkochen und unter gelegentlichem Rühren 10 Min. köcheln lassen.

2 Inzwischen die Grape-fruits und Orangen mit einem scharfen Messer so schälen, dass auch die weiße Haut unter der Schale entfernt wird. Die Filets aus den Trennhäutchen lösen, in mundgerechte Stücke schneiden, in ein Sieb geben und den abtrop-fenden Saft auffangen.

3 Die Clementinen schälen, die weiße Haut mit einem Messer be-hutsam abschaben. Clementinen in Spalten teilen, diese quer hal-bieren und zu den übri-gen Früchten ins Sieb geben.

4 Alle Früchte und den aufgefangenen Saft in eine Schüssel füllen. Den etwas abgekühlten Sirup durch ein Sieb dazugießen und unter-mischen. Das Obst kurz ziehen lassen.

5 Die Zitrusfrüchte mit dem Gewürzsirup auf Tellern oder in Schäl-chen anrichten und mit Minze garniert servieren.

Marinierte Erdbeeren

🟢 Raffiniert
🟡 Aus Italien

Für 4 Personen:

Für die Erdbeeren:
500 g kleine Erdbeeren
2 EL frisch gepresster Orangensaft
5 EL Puderzucker
4 EL weißer Balsam-Essig
Für die Nocken:
2 unbehandelte Limetten
2 Zweige Zitronenmelisse
250 g Ricotta (ital. Frisch-käse; ersatzweise Sahne-quark)

Zubereitungszeit: 25 Min.
Marinierzeit: 2 Std.

Pro Portion ca.: 230 kcal
8 g EW/9 g F/28 g KH

1 Die Erdbeeren in ste-hendem Wasser kurz waschen, zum Abtrop-fen in ein Sieb geben und die Stielansätze entfernen. Die Erdbee-ren trockentupfen und in eine breite Schüssel legen.

2 Den Orangensaft mit 2 EL Puderzucker und dem Balsam-Essig gründlich verrühren. Die Erdbeeren mit dieser Mischung über-gießen und zugedeckt mindestens 2 Std. mari-nieren.

3 Die Limetten heiß waschen und mit Küchenpapier trocken-reiben. 1 Limette aus-pressen. Die übrige Li-mette in hauchdünne Scheiben schneiden. Die Zitronenmelisse waschen, die Blättchen abzupfen und trocken-tupfen.

4 Den Ricotta mit 2 EL Puderzucker und 3 EL Limettensaft glatt rüh-ren, mit übrigem Zucker und Limettensaft ab-schmecken.

5 Die marinierten Erd-beeren aus dem Sud heben und auf Teller verteilen. Die Limetten-scheiben leicht über-lappend daneben legen.

6 Von der Ricottamasse mit 2 Teelöffeln Nocken abstechen und auf die Limettenscheiben setzen. Alles mit den Melisse-blättchen bestreuen.

Im Bild vorne: Marinierte Erdbeeren
Im Bild hinten: Zitrus-früchte in Gewürzsirup

Gefüllte Baby-Ananas

- Für Gäste
- Fettarm

Für 4 Personen:

1 unbehandelte Limette
1 Zitrone
1 EL brauner Zucker
2 Baby-Ananas
250 g Erdbeeren
2 Pfirsiche
150 g Kokosjoghurt
(ersatzweise 150 g Joghurt
mit 2 EL Kokosraspeln ver-
rührt)
2 EL Kokoslikör
(nach Belieben)
Puderzucker zum Be-
stäuben
frische Kokospäne zum
Garnieren (nach Belieben)

Zubereitungszeit: 35 Min.

Pro Portion ca.: 190 kcal
3 g EW/5 g F/32 g KH

1 Die Limette heiß waschen und die Schale mit einem Zestenreißer in dünnen Streifen abziehen. Die Limette und die Zitrone getrennt auspressen.

2 In einem kleinen Topf 2 EL Limettensaft, 4 EL Zitronensaft, den Zucker und die Limettenschale erhitzen. Unter Rühren einmal kräftig aufkochen lassen. Den Sirup beiseite stellen.

3 Die Ananas mit dem Blütenansatz der Länge nach halbieren. An jeder Hälfte an der runden Schalenseite ein Stück flach abschneiden, damit die Fruchthälften gerade stehen können. Mit einem Messer das Fruchtfleisch aus den Ananashälften lösen und in mundgerechte Stücke schneiden. In eine Schüssel füllen.

4 Die Erdbeeren waschen, putzen und längs halbieren. Die Pfirsiche waschen, halbieren, entsteinen und würfeln. Beides zu den Ananasstücken geben. Den Sirup mit den Früchten vermischen und kurz marinieren.

5 Den Kokosjoghurt mit einem Schneebesen aufschlagen, mit etwas vom übrigen Limettensaft und nach Belieben dem Kokoslikör abschmecken.

6 Die marinierten Früchte in die Ananashälften verteilen und obenauf je einen Klecks Kokosjoghurt geben. Gefüllte Ananas auf mit Puderzucker bestäubte Teller setzen, nach Belieben mit frischen Kokospänen garnieren und sofort servieren.

Rhabarber mit Pistazienbaiser

- Gelingt leicht
- Fettarm

Für 4 Personen:

1 kg roter Rhabarber
6 EL Himbeer- oder
Erdbeersirup
50 g Zucker
1/2 Vanilleschote
1 Sternanis
1 EL Speisestärke
2 Eiweiße
60 g Puderzucker
2 EL gemahlene Pistazienkerne
2 EL gehackte Pistazienkerne zum Bestreuen

Zubereitungszeit: 30 Min.
Kühlzeit: 30 Min.

Pro Portion ca.: 230 kcal
4 g EW/3 g F/44 g KH

1 Den Rhabarber waschen, putzen und die Stangen in etwa 3 cm große Stücke schneiden. Mit dem Sirup und dem Zucker in einem breiten Topf vermischen und Saft ziehen lassen.

2 Die Vanilleschote längs halbieren, mit dem Sternanis und 150 ml Wasser zum Rhabarber geben. Alles aufkochen und zugedeckt bei schwacher Hitze 5–6 Min. köcheln lassen.

3 Die Speisestärke mit etwas Wasser glatt rühren, zum Rhabarber geben und unter Rühren einmal aufkochen. Die Rhabarbercreme etwas abgekühlt in dickwandige Schalen verteilen. Auskühlen lassen.

4 Vor dem Servieren den Backofen oder den Grill auf die höchste Stufe vorheizen. Für das Baiser die Eiweiße fast steif schlagen, dann nach und nach den Puderzucker und die gemahlenen Pistazien zufügen und weiterschlagen, bis der Eischnee sehr fest ist.

5 Den Pistazien-Eischnee dekorativ auf der Rhabarbercreme verteilen. Im Ofen oder unter dem Grill kurz überbacken, bis das Baiser goldgelb ist. Das Dessert mit gehackten Pistazienkernen bestreuen.

TIPP!

Das Baiser sollten Sie nicht in einem Ofen mit Umluft überbacken, es könnte zäh werden.

Im Bild vorne: Gefüllte Baby-Ananas
Im Bild hinten: Rhabarber mit Pistazienbaiser

Obstsalat in Hippenschälchen

- ● Für Gäste
- ● Braucht etwas Zeit

Für 6 Personen:

Für die Schälchen:
50 g weiche Butter
50 g Puderzucker
2 Eiweiße
1 Prise Salz
40 g Mehl
Für den Obstsalat:
900 g gemischte Früchte (Himbeeren, Heidelbeeren, Physalis)
2 EL Ahornsirup
2–3 EL Zitronensaft
Außerdem:
6 Kugeln Vanilleeis (Fertigprodukt)
gehackte Pistazienkerne zum Bestreuen

Zubereitungszeit: 50 Min.

Pro Portion ca.: 225 kcal
4 g EW/10 g F/29 g KH

1 Für die Hippenschälchen die Butter in eine Schüssel geben und den Puderzucker darüber sieben. Mit den Quirlen des Handrührgeräts cremig rühren.

2 Die Eiweiße mit dem Salz steif schlagen, unter die Butter-Zucker-Mischung heben. Das Mehl darüber sieben und unterheben.

3 Den Backofen auf 180° vorheizen. Backpapier in der Größe des Backblechs zurechtschneiden. Auf die Unterseite 6 Kreise von etwa 12 cm Ø aufzeichnen. Das Backpapier auf das Backblech legen.

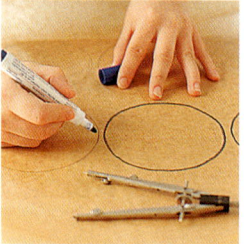

4 In die Mitte der markierten Kreise jeweils etwas Teig setzen und mit einer Palette oder einem Löffelrücken gleichmäßig in der Größe der Kreise verteilen.

5 Die Teigkreise im Ofen (2. Schiene von unten; Umluft 160°) etwa 8 Min. backen, bis die Teigränder goldbraun sind.

6 Die Hippenkreise sofort mit einem langen Messer vom Backpapier lösen und über die Unterseite kleiner Schälchen oder über Gläser stülpen. Falls die Hippen zu schnell abkühlen und erstarren, nochmals kurz im Ofen anwärmen. Die Hippenschälchen auskühlen lassen.

7 Für den Obstsalat die Himbeeren verlesen und nur falls nötig waschen und trockentupfen. Die Heidelbeeren in stehendem Wasser waschen, verlesen, gut abtropfen lassen und ebenfalls trockentupfen.

8 Die Physalis bis auf einige zum Garnieren aus ihren Hüllen lösen, waschen und je nach Größe ganz lassen oder halbieren.

9 Alle Früchte mit dem Ahornsirup und 2 EL Zitronensaft vermischen. Den Salat abgedeckt kurz ziehen lassen. Von den restlichen Physalis die Hüllen vorsichtig zurückfalten.

10 Kurz vor dem Servieren den Obstsalat mit dem restlichen Zitronensaft abschmecken. Den Salat mit jeweils 1 Kugel Vanilleeis in den Hippenschälchen anrichten. Mit gehackten Pistazienkernen bestreuen, den übrigen Physalis garnieren und sofort servieren.

TIPP!

Aus dem Teig lassen sich ebenso Hippentüten formen. Dazu Teigkreise von 6–8 cm Ø backen. Noch heiß, eventuell mit Hilfe von Waffeltütenformen (Haushaltswarengeschäft) zu Tüten aufrollen.

VARIANTE

Die Teigschalen lassen sich auch aus etwa 100 g fertigem Yufka- oder Filloteig (gibt's im türkischen Lebensmittelladen) zubereiten. Dafür aus dem Teig 6 Kreise von etwa 12 cm Ø ausschneiden. Jeden Kreis in ein ofenfestes Förmchen legen und ein kleineres Förmchen zum Beschweren hineinstellen. Die überstehenden Teigränder wellig formen. Im Ofen bei 180° (2. Schiene von unten; Umluft 160°) etwa 15 Min. backen.

Kaltes Aprikosensüppchen

● Gelingt leicht
● Gut vorzubereiten

Für 4 Personen:

1 kg frische Aprikosen
oder 1 große Dose Apriko-
senhälften (825 g Inhalt)
1 unbehandelte Zitrone
100–150 g Puderzucker
100 g Biskuitboden
oder Sandkuchen
(Fertigprodukt)
100 g Schmand (cremiger
Sauerrahm)
2 EL Apfeldicksaft
einige Blättchen Zitronenmelisse

Zubereitungszeit: 30 Min.
Kühlzeit: 1 Std.

Pro Portion ca.: 330 kcal
3 g EW/6 g F/63 g KH

1 Frische Aprikosen
für 2–3 Min. in kochen-
des Wasser tauchen.
Herausheben, kalt ab-
schrecken und die Haut
abziehen. Aprikosen
vierteln und entsteinen.
Aprikosen aus der Dose
in einem Sieb abtropfen
lassen, die Früchte hal-
bieren.

2 Die Zitrone heiß waschen, abtrocknen und
2 TL Schale abreiben,
beiseite stellen. Die
Zitrone auspressen.
8 Aprikosenviertel mit
etwas Zitronensaft be-
träufeln und zum Gar-
nieren zugedeckt bei-
seite stellen.

3 Die übrigen Apriko-
senviertel mit 100 g
Puderzucker und der
Zitronenschale fein
pürieren. Mit dem übri-
gen Zucker abschme-
cken und mindestens
1 Std. kalt stellen.

4 Den Biskuitboden
oder Sandkuchen in
kleine Würfel schnei-
den. Die Kuchenwürfel
in einer beschichteten
Pfanne ohne Fett gold-
braun rösten.

5 Den Schmand mit
dem Apfeldicksaft und
2 EL Zitronensaft cre-
mig aufschlagen. So
unter das Aprikosen-
püree ziehen, dass ein
Marmormuster ent-
steht.

6 Das Aprikosensüpp-
chen in tiefe Teller fül-
len. Die beiseite geleg-
ten Aprikosenviertel in
schmale Spalten schnei-
den. Die Suppe mit den
Aprikosenspalten, den
Kuchen-Croûtons und
Melisseblättchen gar-
nieren. Kalt servieren.

Früchtepizza

● Gelingt leicht
● Raffiniert

Für 6–8 Personen:

Für den Knusperboden:
250 g Amaretti
(ital. Mandelkekse)
100 g Butter
4 TL Orangensaft
Für den Belag:
250 g Himbeeren
50 g Brombeeren
2 Kiwis
2 kleine Pfirsiche
100 g Süßkirschen
1 kleines Stück frische
Kokosnuss oder 2 EL
Kokos-Chips (aus dem
Reformhaus)

Zubereitungszeit: 25 Min.
Kühlzeit: 2 Std.

Bei 8 Personen
pro Portion ca.: 265 kcal
3 g EW/20 g F/18 g KH

1 Für den Knusper-
boden die Amaretti in
einen großen Gefrier-
beutel füllen und ver-
schließen. Die Kekse mit
dem Teigroller nicht zu
fein zerkrümeln.

2 Die Butter zerlassen,
etwas abgekühlt mit
den Amarettini-Bröseln
und dem Orangensaft
vermengen. Die Masse
auf den Boden einer
Springform (26 cm Ø)
geben, gleichmäßig
verteilen, gut fest-
drücken und etwa
2 Std. kalt stellen.

3 Die Himbeeren und
Brombeeren verlesen
und waschen. 150 g
Himbeeren pürieren
und durch ein feines
Sieb streichen.

4 Die Kiwis schälen. Die
Pfirsiche waschen, hal-
bieren und entsteinen.
Kiwis und Pfirsiche in
Stücke schneiden. Die
Kirschen waschen, ent-
stielen und entsteinen.

5 Das Himbeerpüree
auf den Amaretti-
Boden streichen. Die
Früchte dekorativ da-
rauf verteilen.

6 Von der frischen
Kokosnuss mit einem
Sparschäler hauchdün-
ne Späne abschneiden.
Die Früchtepizza mit
Kokosspänen oder
Kokos-Chips bestreuen.
Sofort servieren.

**Im Bild vorne: Früchtepizza
Im Bild hinten: Kaltes Apri-
kosensüppchen**

Thai-Früchte am Spieß

● Gelingt leicht
● Fettarm

Für 4 Personen:

1 kleine Karambole
(Sternfrucht)
8 Physalis (Kapstachel-
beeren)
100 g Ananas-Frucht-
fleisch (frisch oder aus
der Dose)
1 kleine Banane
4 Stangen Zitronengras
oder 8 kurze Holzspieße
1 unbehandelte Limette
1 EL flüssiger Honig
1/2 TL frisch geriebener
Ingwer oder etwas Ingwer-
pulver

Zubereitungszeit: 30 Min.

Pro Portion ca.: 55 kcal
0 g EW/1 g F/11 g KH

1 Die Karambole wa-
schen, abtrocknen und
in Scheiben schneiden.
Die Scheiben je nach
Größe halbieren. Phy-
salis aus den Hülsen
lösen, waschen und
trockentupfen.

2 Frische Ananas oder
Ananas aus der Dose
trockentupfen und in
Dreiecke schneiden. Die
Banane schälen und in
Scheiben schneiden.

3 Das Zitronengras
waschen und trocken-
tupfen, lose Hüllblätter
und trockene Spitzen
entfernen. Zitronen-

grasstangen jeweils
quer halbieren. Die
Früchte abwechselnd
auf die Zitronengras-
oder Holzspieße ste-
cken.

4 Den Backofen- oder
den Elektrogrill auf
höchste Stufe vorhei-
zen. Die Limette heiß
waschen, abtrocknen
und 1 TL Schale abrei-
ben. Die Limette aus-
pressen und den Saft
mit der Schale, dem
Honig und dem fri-
schen Ingwer oder Ing-
werpulver verrühren.

5 Ein Backblech mit
Backpapier auslegen.
Die Fruchtspieße mit
der Limetten-Honig-
Mischung rundherum
bepinseln, nebeneinan-
der auf das Backblech
legen.

6 Die Spieße unter
den Grill schieben und
so lange grillen, bis
die Fruchtkanten braun
werden, dabei einmal
wenden. Die Frucht-
spieße sofort servieren.

VARIANTE

Wer das Außergewöhnliche
mag, rührt in die Limetten-
Honig-Mischung zusätzlich
etwas fein gehackte, ent-
kernte rote Chilischote.

Kakicreme

● Gelingt leicht
● Gut vorzubereiten

Für 4 Personen:

5 Kaki- oder Sharon-
früchte
2-3 EL Zitronensaft
200 g Sahne
2 Päckchen Vanillezucker
1 EL ungesalzene
Pistazienkerne
1 Zweig Zitronenmelisse

Zubereitungszeit: 15 Min.
Kühlzeit: 30 Min.

Pro Portion ca.: 270 kcal
2 g EW/17 g F/22 g KH

1 Die Kaki- oder Sha-
ronfrüchte quer halbie-
ren. Mit einem Löffel
das Fruchtfleisch aus
der Schale lösen. Das
Fruchtfleisch mit dem
Zitronensaft fein pü-
rieren.

2 Die Sahne mit dem
Vanillezucker steif
schlagen. 3 EL Schlag-
sahne in einen Spritz-
beutel füllen und in den
Kühlschrank legen. Die
restliche Sahne unter
das Fruchtpüree heben.

3 Die Kakicreme in
Gläser füllen, abdecken
und für mindestens
30 Min. in den Kühl-
schrank stellen.

4 Die Pistazienkerne
hacken. Die Zitronen-
melisse waschen und

trockentupfen. Die Blätt-
chen streifig schneiden.
Die restliche Sahne in
Tupfen auf die Kaki-
creme spritzen und die
Creme mit Pistazien
und Zitronenmelisse
garnieren.

┌─────────────────┐
│ **TIPP!** │
└─────────────────┘

Damit die gelb- bis
orangefarbenen Kakis
ihr aprikosenähnliches
Aroma voll entfalten,
müssen die Früchte sehr
reif, fast überreif sein.
Das erkennt man an der
dünnen, fast glasigen
Schale. Unreife Früchte
in Zeitungspapier ge-
wickelt nachreifen las-
sen. Sharonfrüchte sind
eine kern- und gerb-
stofflose Kaki-Züchtung.
Sie sind bereits in fes-
tem, knackigem Zustand
genießbar.

**Im Bild vorne: Thai-Früchte
am Spieß
Im Bild hinten: Kakicreme**

Schnell und einfach ein Dessert zubereiten, das leicht und auch noch raffiniert ist? Kein Problem! In diesem Kapitel finden alle, die wenig Zeit zum Zubereiten haben oder nicht lange in der Küche stehen wollen, die richtigen Rezepte. Fast alle Zutaten sind im Supermarkt erhältlich, Gutes wird mit Praktischem kombiniert, frisches Obst mit zeitsparenden Fertigprodukten verfeinert.

Joghurt, Quark & Co.

Milchprodukte sind für Desserts unentbehrlich, ganz besonders für die schnellen. Mit Joghurt & Co. gelingt Genuss und Abwechslung auf ideale Weise.

Joghurt, die Sauermilchspezialität, gibt es in Fettstufen mit 0,3 %, 1,5 %, 3,5 % und 10 %.

Quark, das Allroundtalent, wird als Magerstufe, mit 20 % oder als Sahnequark mit 40 % Fett angeboten. Quarkzubereitungen (Cremequark) gibt es schon ab 0,2 % Fettanteil.

Ricotta, ein weicher quarkähnlicher Frischkäse aus Italien mit rund 12 % Fett schmeckt mild und hat eine leicht körnige Konsistenz.

Mascarpone, der cremige Doppelrahm-Frischkäse stammt ebenfalls aus Italien. Mit seinen 80 % Fettanteil schmeckt er supersahnig, fast schon buttrig.

Schnell & leicht

Zum Verwechseln ähnlich – aber nur fürs Auge: Joghurt, Quark & Co.

Süßstoff statt Zucker?

Wer Kalorien sparen will, kann Desserts auch mit Süßstoff zubereiten. Es eignen sich aber nur die so genannten koch- und backbeständigen. Praktisch für Nachspeisen: streufähiger oder flüssiger Süßstoff. Die im Rezept angegebenen Zuckermengen rechnet man einfach auf die entsprechende Menge Süßstoff um. Wenn's nicht auf der Packung steht, gilt als Faustregel: 1 TL flüssiger Süßstoff entspricht etwa 65 g oder 3 gehäuften EL Zucker. Bei Cremes ist es jedoch für die Konsistenz besser, die angegebene Zuckermenge zu reduzieren und dann mit Süßstoff nachzusüßen. Aus Eigelb und Süßstoff allein lässt sich nämlich keine schaumige Masse rühren.

Süße Alternativen

Kaum ein Dessert kommt ohne Süßungsmittel aus – außer man isst vollreifes Obst pur. Statt mit Zucker können Sie auch mit Alternativen süßen: z. B. mit Ahornsirup, flüssigem und hellem Honig, Vollzucker oder mit eingedicktem Saft von Äpfeln oder Birnen. All dies finden Sie entweder im Supermarkt, im Reformhaus oder im Naturkostladen.

10-Minuten-Rezepte

Für alle, die es besonders eilig haben, hier zwei blitzschnelle Desserts: Butterkekse dick mit einer Mischung aus Ricotta, Zitronensaft und Puderzucker bestreichen. Je eine längs halbierte Feige mit der Schnittfläche nach oben darauf setzen und mit Honig beträufeln. Oder: Fertige Waffeln auftoasten, mit abgetropften Kirschen aus dem Glas anrichten, mit einem Klecks Cremequark oder saurer Sahne und etwas Eierlikör verfeinern.

Superschnelle Mousse

Üppig, aber total easy. Diese Mousse reicht für 4–6 Personen: 200 g Sahne im Topf erwärmen. 200 g Edelbitter-Schokolade in Stücke brechen, zur Sahne geben und darin unter Rühren schmelzen lassen. Wer mag, gibt 1 EL Grappa oder Rum dazu. Masse zum Abkühlen 15-20 Min. in den Kühlschrank stellen. Danach mit dem Elektroquirl auf höchster Stufe cremig aufschlagen. Voilà!

Sahne mit Aroma

Oft genügt schon ein kleiner Trick, um große Wirkung zu erzielen. Bei aromatisierter Sahne ist das so. Am besten zu Früchten servieren. Schlagen Sie einfach 2-3 EL Likör oder Sirup zusammen mit Sahne auf. Liköre und Sirups (z. B. von MONIN) gibt es in großer Auswahl. Extravagant schmeckt's mit den Aromen von Kokosnuss, Pfefferminz, Maracuja und Banane.

Praktische Hilfen

Gerade für Desserts bieten sich eine Fülle von zeitsparenden und dekorativen Fertigzutaten an. Früchte, Cremes und Eis lassen sich optisch schön in Mürbeteig-Torteletts, Waffel-Bechern oder Baiser-Törtchen anrichten, Früchte und Eis auch in fertigen Crêpes. Zum Dekorieren hat man die große Auswahl: Gebäck wie Florentiner, Waffelröllchen oder schokoladenumhüllte Knabbersticks sind ebenso schön und praktisch wie Mokkabohnen und Herzen, Blätter und Tröpfchen aus Schokolade.

Für eilige Genießer: Mit Fertigzutaten aus dem Supermarkt sind Desserts ruckzuck aufs Schönste dekoriert.

Beeren-Baiser-Mix

● Gelingt leicht
● Für Gäste

Für 4 Personen:

500 g Beeren, solo oder
gemischt (z. B. Erdbeeren,
Himbeeren, Johannis-
beeren, Brombeeren,
Heidelbeeren)
4 EL Orangenlikör
oder –saft
1 EL Zitronensaft
2 EL Puderzucker
130 g Baisergebäck
(Fertigprodukt)
200 g kalte Sahne
1 Päckchen Sahnesteif

Zubereitungszeit: 20 Min.

Pro Portion ca.: 390 kcal
3 g EW/17 g F/19 g KH

1 Die Beeren waschen,
putzen und trocken-
tupfen. Große Erd-
beeren längs halbieren
oder vierteln, alle ande-
ren Beeren ganz lassen.

2 Die Früchte in eine
Schüssel füllen. Oran-
genlikör oder –saft,
Zitronensaft und Pu-
derzucker verrühren,
über die Beeren träu-
feln und kurz ziehen
lassen.

3 Das Baiser in kleine
Stücke brechen. Die
Sahne mit dem Sah-
nesteif steif schlagen.
Die Baiserstücke bis auf
ein paar zum Garnieren
unter die Sahne heben.

4 Die Beeren in ein
Sieb geben und abtrop-
fen lassen, dabei den
Sud auffangen. Einige
zum Garnieren beiseite
legen. Die restlichen
Beeren unter die Bai-
ser-Sahne heben.

5 Den Beeren-Baiser-
Mix in Dessertgläser
verteilen. Mit den rest-
lichen Beeren und Bai-
serstücken und nach
Belieben mit dünnen
Schalenstreifen von
1/2 unbehandelten
Orange garnieren. Mit
etwas Sud beträufeln
und sofort servieren.

VARIANTE

Dieser Mix schmeckt auch
mit anderen Früchten. Sie
können entsteinte Kirschen
dafür nehmen, auch Pfirsich-
oder Nektarinenstücke. Ist
kein frisches Obst zur Hand,
gelingt das Dessert auch mit
abgetropften Früchten aus
dem Glas oder der Dose.

Sahnetürmchen

● Gelingt leicht
● Preiswert

Für 4 Personen:

2 kleine Birnen
2 EL Zitronensaft
250 g kalte Sahne
1 Päckchen Sahnesteif
2 EL Birnengeist
1 EL Puderzucker
32 dünne Biskuitplätzchen
(Fertigprodukt, je etwa
6 cm Ø)
10 TL Quitten- oder Apfel-
gelee

Zubereitungszeit: 20 Min.

Pro Portion ca.: 450 kcal
5 g EW/22 g F/56 g KH

1 Die Birnen waschen,
trockenreiben und mit
Stiel und Kerngehäuse
längs in hauchdünne
Scheiben hobeln. Mit
Zitronensaft bepinseln
und zugedeckt beiseite
stellen.

2 Die Sahne mit dem
Sahnesteif steif schla-
gen. Den Birnengeist
und den Puderzucker
unter die Sahne heben.

3 Auf 8 Plätzchen je
1 TL Gelee streichen,
auf weitere 8 Plätzchen
etwas Sahne geben. Je
1 Geleeplätzchen auf
1 Sahneplätzchen setzen.

4 Jeweils 1 Plätzchen
mit etwas Sahne darauf
setzen. Mit den übrigen

Plätzchen abdecken.
Etwas Gelee und die
restliche Sahne darauf
verteilen.

5 Auf jedes Sahne-
türmchen senkrecht
eine Birnenscheibe set-
zen. Sofort servieren.

TIPP!

Getrocknete Birnen-
scheiben sehen sehr
dekorativ aus, müssen
aber vorbereitet werden.
Dazu die Fruchtscheiben
2 Min. in heißem Zucker-
sirup ziehen lassen, auf
ein mit Backpapier aus-
gelegtes Backblech le-
gen und im Ofen (Mitte)
bei 120° (Umluft 100°)
etwa 1 Std. trocknen
lassen.

Im Bild vorne: Beeren-
Baiser-Mix
Im Bild hinten: Sahne-
türmchen

Früchtesandwich

● Raffiniert
● Preiswert

Für etwa 20 Stück:

50 g Speisequark
1 Päckchen Vanillezucker
1 1/2 EL Zitronensaft
50 g Sahne
1 Wiener Boden (3 Schichten, Fertigprodukt)
1 Stück Wassermelone (etwa 300 g, möglichst kernlos)
1 Mango (500 g)
100 ml Orangensaft
4–5 EL Orangenlikör
einige Blättchen Zitronenmelisse
1–2 EL Puderzucker
20 dünne Schokoladen-Knabbersticks (etwa 50 g, z. B. Mikado)

Zubereitungszeit: 30–35 Min.

Pro Stück ca.: 70 kcal
1 g EW/2 g F/12 g KH

1 Den Quark mit dem Vanillezucker und Zitronensaft glatt rühren. Die Sahne steif schlagen und unterheben.

2 Vom Wiener Boden jede Biskuitschicht in 2 Streifen von etwa 5 x 26 cm schneiden (den übrigen Biskuit anderweitig verwenden). Die Teigstreifen jeweils in 5 cm große Quadrate schneiden, diese diagonal in Dreiecke teilen – das ergibt 60 Teigdreiecke.

3 Das Melonenfruchtfleisch von der Schale befreien, in dünne Scheiben schneiden. Daraus 20 Dreiecke in Größe der Teigecken schneiden.

4 Die Mango schälen, das Fruchtfleisch in breiten Streifen vom Stein, dann in dünne Scheiben schneiden. Daraus ebenfalls 20 Dreiecke in Größe der Teigecken schneiden.

5 Orangensaft und Orangenlikör mischen, die Teigdreiecke damit beträufeln. 40 Dreiecke mit der Quarkcreme bestreichen.

6 20 Teigecken mit Melone und 20 Teigecken mit Mango belegen. Jeweils eine Mangoecke auf eine Melonenecke setzen. Obenauf ein leeres Teigstück legen und leicht andrücken.

7 Die Sandwiches mit Zitronenmelisse garnieren und mit Puderzucker bestäuben. In jedes Sandwich einen Schokoladen-Stick stecken.

Gefüllte Papaya

● Gelingt leicht
● Fettarm

Für 4 Personen:

1 unbehandelte Zitrone
1 Stück frischer Ingwer (2 cm; ersatzweise Ingwerpulver)
1 EL flüssiger Honig
2 Gewürznelken
2 reife Papayas von je 400 g
4 Kugeln Vanille- oder Walnusseis (Fertigprodukt)

Zubereitungszeit: 20 Min.

Pro Portion ca.: 100 kcal
1 g EW/2 g F/20 g KH

1 Die Zitrone heiß waschen, trockenreiben und die Schale dünn, schmal und spiralförmig abschälen, dann in 4 Teile schneiden. Die Zitrone auspressen. Den Ingwer schälen und klein würfeln.

2 Zitronensaft mit den Zitronenschalenstücken, den Ingwerwürfeln, dem Honig und den Gewürznelken in einem kleinen Topf erhitzen und 2 Min. köcheln lassen. Den Ingwersirup beiseite stellen.

3 Die Papayas der Länge nach halbieren. Die Kerne mit einem Löffel herausschaben. Von den Fruchthälften jeweils auf der runden Seite ein Stück abschneiden, damit die Hälften gerade stehen können. Aus jeder Papayahälfte mit einem Teelöffel etwas Fruchtfleisch auslösen und beiseite stellen.

4 Den Ingwersirup durch ein Sieb in eine Tasse gießen. Papayahälften auf Teller setzen. Mit dem ausgelösten Papayafruchtfleisch füllen und mit etwas Ingwersirup beträufeln.

5 Die Eiskugeln obenauf setzen, den restlichen Sirup darüber verteilen. Die gefüllten Papayas mit je einem Stück Zitronenschale garnieren.

TIPP!

Wer mag, kann in den Ingwersirup noch 2 TL rosa Pfefferbeeren geben und mitköcheln lassen.

Im Bild links: Früchtesandwich
Im Bild rechts: Gefüllte Papaya

Nektarinen im Glas

- Gelingt leicht
- Preiswert

Für 4 Personen:

1,2 kg vollreife Nektarinen
2–4 EL Limetten- oder Zitronensaft
2 Päckchen Bourbon-Vanillezucker
100 g kalte Sahne
1 EL sehr fein gemahlene Mandeln
1–2 Zweige Zitronenmelisse

Zubereitungszeit: 15 Min.

Pro Portion ca.: 260 kcal
4 g EW/9 g F/40 g KH

1 Die Nektarinen kurz in kochendes Wasser tauchen, herausheben, kalt abschrecken und häuten. Oder die Nektarinen nur waschen und abtrocknen. Gehäutete oder gewaschene Früchte halbieren und den Stein entfernen. Das Fruchtfleisch grob würfeln.

2 Das Fruchtfleisch mit dem Limetten- oder Zitronensaft und dem Vanillezucker im Mixer oder portionsweise mit dem Pürierstab fein pürieren. Das Fruchtmark in hohe Bechergläser verteilen.

3 Die Sahne mit den gemahlenen Mandeln steif schlagen, auf jedes Glas Nektarinenpüree eine Sahne-Mandel-Haube setzen.

4 Die Zitronenmelisse waschen und trockenschütteln. Das Dessert mit den Blättchen garnieren und mit einem langstieligen Löffel servieren.

VARIANTEN

Dieses superleichte Dessert lässt sich aus vielen Früchten zubereiten. Optimal sind alle Sorten, die vollreif ein intensives Aroma haben und sich gut pürieren lassen. Zum Beispiel alle Beerensorten – solo oder gemischt – und auch Pfirsiche, Aprikosen oder exotische Früchte wie Mangos, Papayas, Kakis und Ananas. Kiwis schmecken so zubereitet ebenfalls herrlich erfrischend, allerdings sollten Sie bei Kiwis, Papayas und Ananas auf die Sahnehaube verzichten, da die Sahne durch ein Enzym in den Früchten bitter werden könnte.

Himbeer-Crush

- Gelingt leicht
- Preiswert

Für 4 Personen:

200 g kalte Sahne
1 Päckchen Bourbon-Vanillezucker
1 Zweig Minze
300 g tiefgekühlte Himbeeren
150 g Vollmilchjoghurt
3 EL Puderzucker
2 EL Zitronensaft
4 TL Krokant (Fertigprodukt)

Zubereitungszeit: 15 Min.

Pro Portion ca.: 280 kcal
4 g EW/18 g F/25 g KH

1 Die Sahne mit dem Vanillezucker steif schlagen und kalt stellen. Den Minzezweig waschen und trockenschütteln, die Blättchen abzupfen.

2 Die nicht aufgetauten Himbeeren mit dem Joghurt, dem Puderzucker und dem Zitronensaft ganz kurz im Mixer oder portionsweise mit dem Pürierstab zerkleinern (»crushen«).

3 Die Sahne unter die Beeren-Joghurt-Masse heben und in Gläser füllen. Mit Krokant und nach Belieben mit Minzeblättchen garnieren. Sofort servieren.

VARIANTE

Ebenso fix lässt sich ein Himbeersorbet zubereiten. Dafür 300 g tiefgekühlte Himbeeren etwa 5 Min. antauen lassen. Dann mit 1 EL Puderzucker, 2 EL Zitronensaft und 2 EL Crème fraîche im Mixer oder portionsweise mit dem Pürierstab fein pürieren. Das Sorbet zu Kugeln formen, in ein Stielglas geben und mit Minzeblättchen garnieren.

TIPP!

Wer das Dessert noch leichter mag, nimmt nur 100 g geschlagene Sahne und mischt noch 100 g stichfeste saure Sahne unter die Beeren-Joghurt-Masse.

Im Bild links: Himbeer-Crush
Im Bild rechts: Nektarinen im Glas

Obst mit Mascarponedip

- Für Gäste
- Aus Italien

Für 4 Personen:

750 g gemischte frische
Früchte (z. B. Beeren, Nektarinen, Pflaumen, Feigen,
Wasser- und Honigmelone)
1 EL Puderzucker
(nach Belieben)
Für den Dip:
250 g Mascarpone (ersatz-
weise Doppelrahm-Frisch-
käse)
150 g Vollmilchjoghurt
50 g Puderzucker
abgeriebene Schale von
1 unbehandelten Orange
oder 1 Päckchen Orangen-
fruchtaroma
Saft von 1 Orange
Saft von 1/2 Zitrone
2 EL Schokoladensauce
(Fertigprodukt)

Zubereitungszeit: 25 Min.

Pro Portion ca.: 490 kcal
7 g EW/33 g F/38 g KH

1 Die Früchte je nach
Sorte waschen, putzen
oder schälen. Beeren
ganz lassen, Nektarinen
oder Pflaumen in Spal-
ten schneiden, Feigen
der Länge nach vierteln
und Melonen in Stücke
schneiden.

2 Das Obst dekorativ
auf einer Platte anrich-
ten und nach Belieben
mit gesiebtem Puder-
zucker überstäuben.
Mit Folie abdecken und
beiseite stellen.

3 Für den Dip den
Mascarpone mit Jo-
ghurt, Puderzucker,
Orangenschale oder
-fruchtaroma, Oran-
gen- und Zitronensaft
in eine Schüssel füllen.
Mit den Quirlen des
Handrührgeräts auf
höchster Stufe cremig
aufschlagen.

4 Den Mascarponedip
in eine Schüssel füllen
und die Schokoladen-
sauce darüber träufeln.
Den Dip getrennt zum
Obst servieren.

> **TIPP!**
>
> Der Mascarponedip
> schmeckt auch köstlich
> zu den marinierten Erd-
> beeren (Seite 6).

Melonenjoghurt

- Gelingt leicht
- Fettarm

Für 4 Personen:

2 EL ungesalzene
Pistazienkerne
1 Kantalupmelone von
etwa 500 g (z. B. Charen-
tais)
3 EL Puderzucker
3–4 EL Limetten- oder
Zitronensaft
1/4 TL Ingwerpulver
300 g gut gekühlter
Sahnejoghurt

Zubereitungszeit: 20 Min.

Pro Portion ca.: 180 kcal
5 g EW/7 g F/25 g KH

1 Die Pistazienkerne
grob hacken und in
einer Pfanne ohne Fett
kurz anrösten. Aus der
Pfanne nehmen und
beiseite stellen.

2 Die Melone vierteln
und die Kerne mit
einem Löffel entfernen.
Melonenviertel schälen,
das Fruchtfleisch in
Stücke schneiden.

3 Die Melonenstücke,
bis auf ein paar deko-
rative zum Garnieren,
im Mixer oder mit dem
Pürierstab pürieren.

4 Das Melonenpüree
mit je 2 EL Puderzucker,
Limetten- oder Zitro-
nensaft und dem Ing-
werpulver verrühren.

Den Joghurt glatt rüh-
ren, mit dem restlichen
Puderzucker und dem
Limetten- oder Zitro-
nensaft abschmecken.

5 Joghurt und Melo-
nenpüree in Dessert-
schalen füllen. Mit
einer Gabel ineinander
verziehen, so dass ein
Marmormuster ent-
steht. Den Melonen-
joghurt mit gerösteten
Pistazienkernen be-
streuen und mit den
restlichen Melonen-
stücken garnieren.

VARIANTE

Das Melonenpüree nicht mit
Puderzucker würzen. Dafür
etwas mehr Limetten- oder
Zitronensaft nehmen und
das Püree mit frisch gemah-
lenem Pfeffer abschmecken.

**Im Bild vorne: Obst mit
Mascarpone
Im Bild hinten: Melonen-
joghurt**

Karamellisierte Feigen

- ● Gelingt leicht
- ● Aus Italien

Für 4 Personen:

6 blaue oder grüne reife Feigen
1 Vanilleschote
2 EL Zucker
2 EL Butter
2 EL Zitronenlikör oder –saft
50 ml roter Fruchtsaft (z. B. Traubensaft)
100 g gut gekühlte Crème double oder Sahne

Zubereitungszeit: 20 Min.

Pro Portion ca.: 280 kcal
1 g EW/21 g F/19 g KH

1 Die Feigen behutsam waschen und trockentupfen. Die Früchte der Länge nach halbieren. Die Vanilleschote längs aufschlitzen, das Mark herauskratzen und mit dem Zucker vermischen.

2 In einer großen Pfanne die Butter erhitzen. Die Feigenhälften darin bei mittlerer Hitze rundum anbraten. Mit dem Vanillezucker bestreuen und den Zucker goldgelb karamellisieren lassen.

3 Den Zitronenlikör oder -saft einrühren. Jeweils 3 Feigenhälften auf einem Dessertteller anrichten.

4 Den Fruchtsaft in die Pfanne gießen, aufkochen und alles unter Rühren zu einer sirupartigen Sauce einkochen lassen. Die Sauce über die Feigenhälften verteilen.

5 Die Crème double oder die Sahne mit den Quirlen des Handrührgeräts schlagen, bis sich Spitzen bilden. Je einen Klecks Sahne neben die Feigen setzen.

VARIANTE

Auf diese Weise können Sie auch andere frische Früchte zubereiten, z. B. dicke Apfelscheiben, Aprikosenhälften, entsteinte Zwetschgen oder Ananasstücke.

Frischkäsetaler

- ● Raffiniert
- ● Preiswert

Für 4 Personen:

4–8 Amarena- oder Cocktailkirschen (aus dem Glas)
2 EL ungesalzene Pistazienkerne
1 unbehandelte Zitrone
200 g Doppelrahm-Frischkäse
50 g Magerquark
2 EL Puderzucker
4 Schoko-Vollreiswaffeln (etwa 9 cm Ø; Fertigprodukt)

Zubereitungszeit: 15 Min.

Pro Portion ca.: 250 kcal
9 g EW/16 g F/18 g KH

1 Die Kirschen in ein Sieb geben und abtropfen lassen. Die Pistazienkerne grob hacken. Die Zitrone heiß waschen, abtrocknen und die Schale fein abreiben. Die Zitrone auspressen.

2 Den Frischkäse mit dem Quark, dem Puderzucker, der abgeriebenen Zitronenschale und 1–2 EL Zitronensaft verrühren, sodass eine glatte und spritzfähige Creme entsteht.

3 Die Reiswaffeln nebeneinander und mit der Schokoladenseite nach oben auf eine Arbeitsfläche legen.

Die Frischkäsecreme in einen Spritzbeutel mit großer gezackter Tülle füllen und rosettenförmig so auf die Waffeln spritzen, dass außen noch ein 1 cm breiter Rand bleibt.

4 Die Frischkäsecreme mit gehackten Pistazien bestreuen. Auf jeden Taler 2 abgetropfte Kirschen setzen.

VARIANTE

In Kleinformat auch schön als Konfekt zu Kaffee oder Tee: Kleine runde Reiswaffeln nehmen, mit der Frischkäsecreme bespritzen, mit fein gehackten Pistazien bestreuen und mit je 1 abgetropften Amarena- oder Cocktailkirsche garnieren.

> **TIPP!**
>
> Wenn Sie keine Schoko-Vollreiswaffeln bekommen können, nehmen Sie normale Vollreiswaffeln und überziehen die Oberseite mit etwas dunkler Kuvertüre.

Im Bild vorne: Frischkäsetaler
Im Bild hinten: Karamellisierte Feigen

Mit Schuss

Exotische Cocktails wie Piña-Colada oder Caipirinha liegen voll im Trend. Die dafür verwendeten Spirituosen sowie Tequila, Rum und Sherry verleihen auch Desserts ein ganz spezielles, belebendes Aroma. Wegen des Alkohols sollten sie aber nur Erwachsene genießen. Wenn Kinder mitessen, bitte alkoholfreie Nachspeisen servieren oder den Alkohol gegen Sirup oder Saft austauschen.

Ei, Ei, Ei

Für bestimmte Desserts sind Eier unentbehrlich. Das Eigelb sorgt für Bindung, Geschmack und Farbe, der Eischnee für locker-luftige Konsistenz. Immer nur ganz frische Eier verwenden und fertige Desserts im Kühlschrank aufbewahren. Eischnee macht Sahne kalorienärmer: 100 g Sahne und 2 Eiweiße getrennt steif schlagen, behutsam vermischen. Eier werden nach Gewichtsklassen angeboten, dabei steht S für klein, M für mittel, L für groß und XL für sehr groß. Nehmen Sie Eier der Größe M, wenn im Rezept nichts anderes angegeben ist.

Allererste Sahne

Sahne, das Milchfett der Rohmilch, ist nach wie vor ein Hit in der Dessert-Küche. Ob aber süße oder die mit Milchsäurebakterien versetzte saure Sahne – es gibt kleine, feine Unterschiede: Schlagsahne (mindestens 30 % Fett) sollte immer gut gekühlt und in einer fettfreien Rührschüssel aufgeschlagen werden. Einmal eingefrorene Sahne lässt sich nicht mehr steif schlagen. Sprühsahne (30 % Fett) kommt geschlagen aus der Dose. Sie enthält Zucker und Vanille und ist die praktische Lösung für kleine Portionen. Crème double, eine französische Erfindung, ist mit 40 % Fettanteil die kompakteste unter den süßen Sahnevariationen. Saure Sahne (oder Sauerrahm) hat mit 10–20 % den geringsten Fettanteil in der Sahneriege. Schmand ist ein löffelfester Sauerrahm mit etwa 24 % Fett. Crème fraîche (etwa 40 % Fett) nach französischem Rezept besticht mit vollem und fein säuerlichem Aroma.

Mit Gelatine – ja oder nein?

Der BSE-Skandal hat auch das meist verwendete Geliermittel für Desserts, die Gelatine, ins Gerede gebracht. In Deutschland wird Blattgelatine ausschließlich und gemahlene Gelatine überwiegend aus Schweineschwarten hergestellt. Nach Herstelleraussagen werden die möglichen BSE-Erreger durch die Produktion inaktiviert, so dass ein Risiko ausgeschlossen werden kann. Wer der Gelatine trotzdem nicht vertraut, kann auf pflanzliche Bindemittel ausweichen.

Pflanzliche Gelier- und Bindemittel

Reformhäuser oder Bioläden bieten unter anderem Produkte aus Algen, Guarkernmehl aus den Samen des Guarstrauchs und Johannisbrotkernmehl (z. B. Biobin) an. Das bekannteste pflanzliche Geliermittel ist Agar-Agar aus gemahlenen Meeresalgen. Das Pulver ist geschmacksneutral und muss 2 Min. in Flüssigkeit kochen, damit es seine Gelier-fähigkeit entwickelt. Man benötigt je nach gewünschter Konsistenz des Desserts 1 gestrichenen TL zum Gelieren von 500 ml Flüssigkeit oder Fruchtpüree. Umgerechnet: 1 gestrichener TL Agar-Agar entspricht 6 Blatt (= 10 g) Gelatine.

Für mich Campari Orange, bitte

Den beliebten Sommerdrink gibt es jetzt auch als schnell zubereitete Dessert-Variation. Für vier Personen 1/2 l frisch gepressten Orangensaft halbieren. Eine Hälfte mit 1 TL Agar-Agar verrühren und 2 Min. leicht kochen lassen. Dann mit dem restlichen Orangensaft und 2-4 EL Campari glatt rühren. Nach Belieben süßen. Die Mischung in Portionsfömchen gießen und zum Gelieren kalt stellen. Zum Servieren stürzen.

Sirup und Saft statt Alkohol

Auch wer keinen Alkohol verträgt oder mag, muss auf die meisten dieser Desserts nicht verzichten. Fruchtlikör oder Obstwasser lassen sich durch Fruchtsirup oder -saft ersetzen, Wein und Sherry durch Traubensaft.

Kennen Sie Mispeln?

Aus Spanien, Italien, Frankreich und der Türkei kommend finden wir sie immer häufiger als Nespole, Nisperos oder Mispeln in den Läden. Die Früchte schmecken roh, gegart oder gebacken und haben ein mild säuerliches Aroma. Zum Rohessen und Zubereiten die dünne Haut einfach vorsichtig abziehen. Ein Rezept mit Mispeln finden Sie auf Seite 36.

Beinahe in Vergessenheit geraten, haben Mispeln jetzt ein Comeback auf dem Obstmarkt.

Geeiste Eierlikörcreme

● Braucht etwas Zeit
● Preiswert

Für 4 Personen:

| 250 g Speisequark |
| 200 g Dickmilch |
| 2 EL Apfeldicksaft oder Ahornsirup |
| 2 EL Puderzucker |
| 100 ml Eierlikör |
| 1 EL Amaretto (ital. Mandellikör) |
| 1 Vanillestange |
| 500 g gemischte Früchte nach Saison |
| 4 Waffeltüten (Fertigprodukt) |
| 1 Zweig Minze |

Zubereitungszeit: 20 Min.
Gefrierzeit: 3 Std.

Pro Portion ca.: 290 kcal
10 g EW/11 g F/22 g KH

1 Den Quark mit der Dickmilch in eine breite Edelstahlschüssel füllen. Den Apfeldicksaft oder Ahornsirup, den Puderzucker, den Eierlikör und den Mandellikör zufügen.

2 Die Vanilleschote längs halbieren, das Mark herauskratzen und in die Schüssel geben. Alles mit dem Schneebesen glatt und cremig rühren. Nach Belieben mit gesiebtem Puderzucker süßen.

3 Die Creme zugedeckt für etwa 3 Std. in das Gefrierfach stellen, dabei ab und an kräftig durchrühren, damit die Creme geschmeidig bleibt.

4 Die Früchte waschen und je nach Sorte putzen oder schälen. Das Fruchtfleisch in nicht zu große, dekorative Stücke schneiden.

5 Aus der Eierlikörcreme Kugeln oder Nocken formen und auf Dessertteller setzen. Die Früchte in die Waffeltüten füllen und daneben legen. Mit Minzeblättchen garnieren und sofort servieren.

TIPP!

Ebenso dekorativ sieht das Dessert aus, wenn Sie die Eierlikörcreme etwas antauen lassen, in einen Spritzbeutel mit großer Rosettentülle füllen und die Creme in Stielgläser füllen. Mit einigen roten Beeren, Minzeblättchen und Eiswaffeln garniert servieren.

Aprikosen-Tequila-Creme

● Für Gäste
● Gut vorzubereiten

Für 4 Personen:

| **Für die Creme:** |
| 1 Dose Aprikosenhälften (825 g Inhalt) |
| 250 g Ricotta (ital. Frischkäse) |
| 3–4 EL Puderzucker |
| abgeriebene Schale von 1 unbehandelten Zitrone |
| 3 EL Zitronensaft |
| 100 ml Tequila (mexikanischer Branntwein aus Agavensaft) |
| 1 1/2 TL Agar-Agar (Geliermittel aus Algen) |
| **Für den Mandel-Krokant:** |
| 1 EL Öl |
| 60 g Zucker |
| 30 g gehackte Mandeln |
| **Außerdem:** |
| Zitronemelisse zum Garnieren |

Zubereitungszeit: 45 Min.
Kühlzeit: 2–2 1/2 Std.

Pro Portion ca.: 450 kcal
9 g EW/15 g F/57 g KH

1 Die Aprikosenhälften zum Abtropfen in ein Sieb geben, dabei den Saft auffangen. 4 Fruchthälften mit dem Saft beiseite stellen. Die restlichen Aprikosen mit dem Pürierstab fein pürieren.

2 Den Ricotta mit Puderzucker, Zitronenschale und -saft mit den Quirlen des Handrührgeräts aufschlagen.

Das Aprikosenpüree und den Tequila unterrühren.

3 Vom Aprikosensaft 150 ml abmessen, in einen Topf gießen. Agar-Agar einrühren. Die Mischung aufkochen und unter gelegentlichem Rühren 2 Min. köcheln, danach leicht abkühlen lassen.

4 Die Aprikosen-Ricotta-Masse nach und nach unter den gebundenen Aprikosensaft rühren. Die Creme in 4 kalt ausgespülte Portionsfömchen (à 175 ml Inhalt) füllen und zum Festwerden für etwa 2 Std. kalt stellen.

5 Für den Mandel-Krokant ein großes Stück Alufolie und eine Palette dünn mit Öl einstreichen. Zucker in einer kleinen Pfanne goldgelb karamellisieren lassen. Die gehackten Mandeln unter den Karamell mischen. Die Masse 1/2 cm dick auf die Alufolie gießen. Mit der Palette glatt streichen. Den Krokant abkühlen lassen.

6 Den Mandel-Krokant in einen Gefrierbeutel füllen und mit dem

Teigroller leicht darauf klopfen, um den Krokant grob zu zerkleinern.

7 Die 4 übrigen Aprikosenhälften abtropfen lassen und in Spalten schneiden. Die Creme auf Teller stürzen, mit Fruchtspalten, Mandel-Krokant und Zitronenmelissse garnieren.

TIPP!

Schneller geht's, wenn Sie die Creme nicht stürzen, dann auch kein Agar-Agar verwenden. Den Ricotta mit Puderzucker, Zitronenschale, Zitronensaft und 6 EL Tequila aufschlagen. Dann so viel Aprikosenpüree unterrühren, dass die Masse eine cremige Konsistenz bekommt. Mit Puderzucker und Zitronensaft abschmecken. Creme in Dessertschalen füllen und mit Aprikosenspalten, Mandel-Krokant und Zitronenmelissse garnieren.

Im Bild vorne und hinten: Geeiste Eierlikörcreme In der Mitte: Aprikosen-Tequila-Creme

Piña-Colada-Becher

● Raffiniert
● Braucht etwas Zeit

Für 4 Personen:

| 1 kleine Ananas (etwa 500 g) |
| 150 g Sandkuchen (Fertigprodukt) |
| 150 g Mascarpone (ital. Doppelrahm-Frischkäse) |
| 50 ml ungesüßte Kokosmilch (aus der Dose) |
| 1 TL Zucker |
| 4–5 EL weißer Rum |
| 4 EL Limetten- oder Zitronensaft |
| 4 EL Kokos-Chips (aus dem Reformhaus) |
| 4 Maraschinokirschen (aus dem Glas) |

Zubereitungszeit: 40 Min.
Kühlzeit: 1 Std.

Pro Portion ca.: 320 kcal
3 g EW/23 g F/19 g KH

1 Von der Ananas den Blattschopf und den Boden abschneiden. Den Blattschopf aufheben. Die Frucht schälen und die braunen »Augen« mit einem spitzen Messer herausschneiden. Die Ananas vierteln und den harten Strunk entfernen.

2 Vom Ananasfruchtfleisch etwa 150 g abnehmen, würfeln und fein pürieren. Das übrige Fruchtfleisch zugedeckt beiseite stellen. Den Sandkuchen würfeln, mit dem Ananaspüree vermischen, in 4 Bechergläser verteilen und leicht andrücken.

3 Den Mascarpone mit der Kokosmilch in eine Schüssel füllen. Den Zucker, 4 EL Rum und 3 EL Limetten- oder Zitronensaft zufügen und alles cremig aufschlagen. Die Creme mit dem restlichen Rum und dem übrigen Limetten- oder Zitronensaft abschmecken.

4 Zwei Ananasviertel in mundgerechte Stücke schneiden, unter die Kokoscreme heben. Diese Mischung in die Becher verteilen. Abgedeckt für mindestens 1 Std. kalt stellen.

5 Die Kokos-Chips in einer Pfanne ohne Fett hellbraun rösten. Das restliche Ananasfruchtfleisch in dekorative Stücke schneiden. Vom Blattschopf der Ananas 4 schöne Blätter auslösen, waschen und trockentupfen.

6 Die Piña-Colada-Becher mit Ananasstücken, Kokos-Chips, Maraschinokirschen und den nicht essbaren Ananasblättern garnieren.

Trauben-Cassis-Becher

● Gelingt leicht
● Preiswert

Für 4 Personen:

| 300 g blaue und weiße Weintrauben |
| 4 EL Crème de Cassis (Johannisbeerlikör) |
| 250 g Cremequark (0,2 % Fett) |
| 2 Päckchen Vanillezucker |
| 3 EL frische Kokosspäne oder getrocknete Kokosraspel |
| 2 kleine rotschalige Äpfel |
| 2 EL Zitronensaft |
| einige Minzeblättchen |

Zubereitungszeit: 20 Min.
Marinierzeit: 1 Std.

Pro Portion ca.: 200 kcal
9 g EW/5 g F/30 g KH

1 Die Weintrauben waschen, von den Stielen zupfen, dann längs halbieren und nach Belieben entkernen. Traubenhälften in einer Schüssel mit dem Cassis vermengen und zugedeckt mindestens 1 Std. ziehen lassen.

2 Den Cremequark mit dem Vanillezucker und 2 EL Kokosspänen oder Kokosraspel in eine Schüssel geben. Mit den Quirlen des Handrührgeräts glatt aufschlagen.

3 Die Äpfel waschen, vierteln, entkernen und in dünne Spalten schneiden. Die Apfelspalten im Zitronensaft wenden und unter die Weintrauben mischen.

4 Zwei Drittel der Obstmischung in Bechergläser verteilen. Den Kokosquark locker darüber schichten. Obenauf die restlichen Früchte geben und nach Belieben mit den übrigen Kokosspänen oder -raspeln bestreuen. Mit Minzeblättchen garniert servieren.

TIPP!

Wenn Kinder mitessen, tauschen Sie den Johannisbeerlikör gegen roten Traubensaft aus.

Im Bild vorne: Piña-Colada-Becher
Im Bild hinten: Trauben-Cassis-Becher

Caipirinha-Creme

● Raffiniert
● Braucht etwas Zeit

Für 4 Personen:

Für die Creme:
2 unbehandelte Limetten
3 Blatt weiße Gelatine
2 Eigelbe
75 g Puderzucker
150 g Sahnejoghurt
7 EL Cachaça (Zuckerrohr-schnaps)
1 EL gehackte ungesalzene Pistazienkerne
100 g Sahne
Außerdem:
4 Zweige Minze
30 g Zucker
30 g ungesalzene Pistazienkerne

Zubereitungszeit: 45 Min.
Kühlzeit: 3 Std.

Pro Portion ca.: 350 kcal
7 g EW/18 g F/31 g KH

1 Für die Creme 1 Limette heiß waschen, trockenreiben und die Schale abreiben. Beide Limetten halbieren, 3 Hälften auspressen. Die Gelatine nach Packungsangabe einweichen.

2 Eigelbe, Puderzucker und 2 EL lauwarmes Wasser über dem heißen Wasserbad cremig aufschlagen. Die eingeweichte Gelatine darin auflösen. Die Schüssel mit der Creme zum Abkühlen kurz in kaltes Wasser stellen.

3 Die Limettenschale und den Limettensaft mit dem Joghurt, dem Cachaça und den gehackten Pistazien glatt rühren. Diese Mischung gründlich unter die Eigelbcreme ziehen. Die Masse bis zum Angelieren kühl stellen.

4 Die Sahne steif schlagen und unter die Limettencreme ziehen. Eine kleine und schmale Kastenform (etwa 18 x 8,5 cm) mit Öl einfetten und mit Frischhaltefolie auslegen. Die Creme einfüllen und zum Festwerden für etwa 3 Std. kühl stellen.

5 Die Minze waschen, die Blättchen von den Stielen zupfen und mit dem Zucker und den Pistazienkernen im Mixer nicht zu fein pürieren.

6 Die Caipirinha-Creme aus der Form stürzen, die Folie abziehen und die Creme in fingerdicke Scheiben schneiden. Jeweils 2-3 Scheiben auf etwas Minzemischung anrichten. Von der restlichen Limettenhälfte hauchdünne Scheiben abschneiden, die Creme damit garnieren.

Sherrykirschen mit Quarknocken

● Für Gäste
● Braucht etwas Zeit

Für 4 Personen:

Für die Kirschen:
500 g Süßkirschen
200 ml Sherry (Oloroso oder Amontillado)
100-125 g Zucker
2 Päckchen Vanillezucker
4 Gewürznelken
4 Pimentkörner
1 Stück Schale von 1 unbehandelten Orange
2-3 EL Kirschwasser
Für die Nocken:
2 EL Puderzucker
3 TL Sofort-Gelatine
100 ml Sahne
250 g Magerquark
2-3 EL Zitronensaft

Zubereitungszeit: 50 Min.
Marinierzeit für die Kirschen: 1-2 Tage

Pro Portion ca.: 410 kcal
11 g EW/4 g F/63 g KH

1 Ein bis zwei Tage vorher die Kirschen waschen und die Stiele entfernen. Die Kirschen behutsam entsteinen, sodass die Früchte möglichst ganz bleiben. 10 Kirschsteine mit einem Hammer aufklopfen.

2 In einem breiten Topf den Sherry mit 100 ml Wasser, 100 g Zucker, dem Vanillezucker, den Gewürznelken, den Pimentkörnern, der Orangenschale und den aufgeklopften Kirschsteinen vermischen. Alles aufkochen und bei mittlerer Hitze unter gelegentlichem Rühren 5 Min. köcheln lassen.

3 Die Kirschen aus dem Sud heben und in zwei Schraubverschlussgläser füllen. Den Sherrysud durch ein feines Sieb gießen. Das Kirschwasser darunter rühren und den Sud nach Geschmack mit Zucker nachwürzen. Noch heiß über die Kirschen in die Gläser gießen.

4 Die Sherrykirschen abkühlen lassen, danach die Gläser gut verschließen. Die Kirschen im Kühlschrank mindestens 1-2 Tage durchziehen lassen.

5 Für die Quarknocken den Puderzucker mit der Sofort-Gelatine mischen. Die Sahne steif schlagen und dabei die Zucker-Gelatine-Mischung dazugeben.

6 Den Quark mit etwas Zitronensaft glatt rühren. Die Sahne behutsam unterheben und die Quarkmasse mit dem restlichen Zitronensaft abschmecken.

7 Die Sherrykirschen kalt oder erwärmt mit etwas Flüssigkeit auf Tellern anrichten. Aus der Quarkmasse Nocken abstechen und zu den Kirschen legen.

TIPP!

Die Sherry-Kirschen lassen sich sehr gut auf Vorrat zubereiten. Nicht angebrochen halten sie sich im Kühlschrank bis zu 3 Wochen. Die Kirschen schmecken kalt oder erwärmt auch zu Crêpes, Waffeln und Eis. Die Quarknocken können Sie auch zu frischen oder marinierten Früchten servieren oder solo (in doppelter Menge) mit fertig gekaufter Schokoladensauce beträufelt.

Im Bild vorne: Sherrykirschen mit Quarknocken
Im Bild hinten: Caipirinha–Creme

Amaretti-Amaretto-Mousse

● Gut vorzubereiten
● Aus Italien

Für 4–6 Personen:

Für die Mousse:
150 g weiße Kuvertüre
1 Blatt weiße Gelatine
2 Eigelbe
1 Päckchen Vanillezucker
50 g Amaretti
(ital. Mandelkekse)
200 g Sahne
4 EL Amaretto
(ital. Mandellikör)
Für die Sauce:
500 g Zwetschgen
1–2 EL Zucker
1/2 Zimtstange
2–3 EL Crème de Cassis
(Johannisbeerlikör)

Zubereitungszeit: 45 Min.
Kühlzeit: 3 Std.

Bei 6 Personen
pro Portion ca.: 380 kcal
4 g EW/22 g F/37 g KH

1 Die Kuvertüre grob hacken und über dem heißen Wasserbad schmelzen lassen. Die Gelatine für 5 Min. in kaltem Wasser einweichen.

2 Die Eigelbe mit dem Vanillezucker und 2 EL warmem Wasser über dem heißen Wasserbad dickschaumig aufschlagen. Die Gelatine ausdrücken und unter Rühren in der Eigelbmasse auflösen.

3 Die Kuvertüre esslöffelweise unter die Eigelbmasse ziehen. Zum Gelieren in den Kühlschrank stellen.

4 Wenn die Masse anfängt zu gelieren, die Amaretti nur grob zerkleinern. Die Sahne zusammen mit dem Mandellikör steif schlagen.

5 Die Sahne und die Amarettistücke nach und nach unter die Ei-Schokoladen-Masse heben. Die Mousse in eine Schüssel füllen, abgedeckt mindestens 3 Std. oder über Nacht kalt stellen.

6 Für die Sauce die Zwetschgen waschen, halbieren und entsteinen. Mit 1 1/2 EL Zucker, der Zimtstange und 100 ml Wasser bei mittlerer Hitze 10 Min. köcheln lassen. Die Zimtstange entfernen.

7 Die Früchte bis auf einige zum Garnieren pürieren und die Zwetschgensauce mit dem Johannisbeerlikör und dem restlichen Zucker abschmecken. Die Mousse mit Sauce und Früchten anrichten.

Mispeln in Rotweinsirup

● Raffiniert
● Fettarm

Für 4 Personen:

1 unbehandelte Zitrone
1/2 Vanilleschote
750 ml kräftiger Rotwein
100 g Zucker
1/2 Zimtstange
3 Gewürznelken
12 Mispeln
(etwa 1 kg; auch Nespole
oder Nisperos genannt)

Zubereitungszeit: 40 Min.
Marinierzeit: 2 Std.

Pro Portion ca.: 330 kcal
1 g EW/0 g F/51 g KH

1 Die Zitrone heiß waschen, trockenreiben und die Schale dünn und spiralförmig abschneiden. Die Vanilleschote längs halbieren. Den Rotwein in einem breiten Topf mit Zucker, Zimtstange, Gewürznelken, Vanilleschote und Zitronenschale verrühren.

2 Den Sud aufkochen und bei mittlerer Hitze 10 Min. köcheln lassen. Währenddessen von den Mispeln die Schale mit einem spitzen Messer behutsam abziehen.

3 Die Früchte in den Rotweinsud geben und bei kleiner Hitze 8–10 Min. darin ziehen lassen. Den Topf vom Herd nehmen und die Mispeln zugedeckt im Sud 2 Std. oder über Nacht ziehen lassen. Dabei ab und an wenden, damit sie gleichmäßig Farbe annehmen.

4 Die Mispeln aus dem Sud heben und beiseite stellen. Den Sud durch ein Sieb gießen, zurück in den Topf füllen und bei starker Hitze sirupartig einkochen lassen.

5 Jeweils 3 Mispeln in ein Dessertschälchen geben und mit dem Rotweinsirup beträufelt servieren.

TIPP!

Köstlich schmecken die Mispeln auch, wenn man dazu noch Vanilleeis serviert.

VARIANTE

Anstelle von Mispeln andere Früchte mit Rotweinsirup zubereiten, z. B. entsteinte Kirschen oder Pfirsichhälften, die aber nur 5 Min. im Sud ziehen müssen.

**Im Bild vorne: Amaretti-Amaretto-Mousse
Im Bild hinten: Mispeln in Rotweinsirup**

Moderne Klassiker

Tradition und die Lust auf Neues verbinden alle Rezepte dieses Kapitels. Beliebte Klassiker schmecken im Original zwar immer noch prima, aber auf den Stand der modernen Küche gebracht und optisch aufgepeppt passen sie viel besser zum heutigen Lifestyle. So verjüngt machen sie den Genuss perfekt und können auch schon mal einen kleinen Kummer löffelweise auf der Zunge vergehen lassen.

Schokolade schmelzen

Schokolade klein schneiden, in eine Edelstahlschüssel füllen und ins warme, aber nicht heiße Wasserbad setzen. Beim Schmelzen hin und wieder umrühren. Vorsicht: Kommen Wasserspritzer in die Schokolade, wird sie klumpig. Das hilft: 1 TL Öl oder geschmolzenes Kokosfett unterrühren.

Gelees und Cremes stürzen

Kurz vor dem Servieren das Gelee oder die Creme mit einem spitzen Messer behutsam vom Schüssel- oder Förmchenrand lösen. Klappt das Stürzen nicht auf Anhieb, Schüssel oder Förmchen bis kurz unter den Rand in heißes Wasser halten.

Mousse oder Parfait?

Beide bestehen aus den gleichen Grundzutaten: Eigelb, Zucker, einer

Aus eins mach' zwei: das Rezept von Seite 44 rechts als Mousse, links als Parfait.

geschmacksgebenden Zutat (z. B. Gebäck, Alkohol, Nüsse, Mandeln, Fruchtpüree) und geschlagener Sahne. Die Mousse wird mit Hilfe von Bindemittel wie Gelatine oder Agar-Agar fest, das Parfait durch die Kälte im Gefrierschrank. So können Sie Mousse- und Parfaitrezepte wie das auf Seite 44 beliebig abwandeln.

Zitrusfrucht-Aroma

Wenn Sie den Geschmack von Zitrusfrüchten besonders gern mögen, verwenden Sie fürs Dessert anstelle von frischer abgeriebener Orangen- oder Zitronenschale mal sehr fein gehackte kandierte Orange oder Zitrone.

Ohne Klümpchen

Wird aufgelöste Gelatine unter eine kalte Creme gerührt, die Gelatine zuerst mit 2-3 EL Creme mischen. Diese Masse dann unter die restliche Creme heben. Nie die warme, flüssige Gelatine direkt in die kalte Creme rühren, das gibt Klümp-

chen. Die Rettung: Creme im Wasserbad erwärmen, durch ein Sieb streichen, dann noch 1-2 Blatt aufgelöste Gelatine einrühren.

Kokosmilch selbst gemacht

Für das Kokosjelly auf Seite 40 können Sie die Milch auch selbst zubereiten. Dafür 250 g frisches Kokosfleisch fein reiben, mit 1/2 l kochend heißem Wasser überbrühen und 20 Min. ziehen lassen. Anschließend die Masse mit den Händen einige Minuten kräftig durchkneten, in ein mit einem Tuch ausgelegtes Sieb gießen und portionsweise ausdrücken. Kokosmilch, die nicht sofort verwendet wird, lässt sich gut für 2-3 Monate einfrieren. Oder für eine Panna cotta-Variante verwenden: Kokosmilch anstelle von saurer Sahne nehmen.

Deko für den Tellerrand

Sieht besonders edel aus, passt zu fast jedem Dessert und ist fix gezaubert – ein deko-

rierter Tellerrand. Dafür geschmolzene Schokolade oder gefärbte, dickflüssige Puderzuckerglasur in einen kleinen Gefrierbeutel füllen.

Eine winzige Ecke abschneiden und mit Schokolade oder Glasur in feinen Linien dekorative Muster, Ornamente oder die Vornamen der Gäste auf den Tellerrand spritzen und fest werden lassen.

Essbare Blüten

Blütendekos verleihen Desserts optische Eleganz. Wer sich schwer tut, saubere, chemiefreie Blüten zum Essen zu finden, wird in Feinkostläden fündig. Dort gibt es z. B. Gänseblümchen, Holunder, Malven, Kapuzinerkresse.

Erdbeeren auf Basilikumsauce

Für 4 Portionen eine Hand voll Basilikum mit 50 ml Wasser und 1 EL Zucker pürieren, 50 g Sahne unterrühren. 500 g Erdbeeren waschen, putzen, längs halbieren. Mit der Sauce und ein paar Basilikumblättchen anrichten.

Sorgen für edlen Touch: essbare Blüten.

Kokosjelly mit Papaya

- Gut vorzubereiten
- Fettarm

Für 4 Personen:

250 ml ungesüßte Kokos-
milch (aus der Dose)
1 TL Agar-Agar
(Geliermittel aus Algen)
2 Limetten oder Zitronen
1 walnussgroßes Stück
frischer Ingwer oder
Ingwerpulver
60 g Puderzucker
2 Papayas
2 Zweige Zitronenmelisse

Zubereitungszeit: 30 Min.
Kühlzeit: 1 1/2 Std.

Pro Portion ca.: 90 kcal
1 g EW/1 g F/22 g KH

1 Von der Kokosmilch
etwa 100 ml in einen
kleinen Topf gießen
und mit Agar-Agar
verrühren. Die Milch-
mischung aufkochen
und unter gelegent-
lichem Rühren 2 Min.
leicht köcheln, danach
abkühlen lassen.

2 Inzwischen die
Limetten oder Zitronen
auspressen und 80 ml
Saft abmessen. Den fri-
schen Ingwer schälen
und sehr fein reiben.

3 Die Milchmischung
mit der restlichen Ko-
kosmilch, dem Puder-
zucker und 50 ml
Limetten- oder Zitro-
nensaft kräftig verrüh-
ren, dann mit dem ge-
riebenen Ingwer oder
dem Ingwerpulver und
dem restlichen Limet-
ten- oder Zitronensaft
abschmecken.

4 Eine eckige Edel-
stahl- oder Porzellan-
form (etwa 15 x 12 cm)
mit Frischhaltefolie
auslegen. Die Kokos-
masse einfüllen und im
Kühlschrank in mindes-
tens 1 1/2 Std. oder
über Nacht schnittfest
gelieren lassen.

5 Die Papayas schälen,
der Länge nach halbie-
ren und die Kerne mit
einem Löffel heraus-
kratzen. Die Papaya-
hälften nochmals längs
halbieren, dann quer in
Scheiben schneiden.

6 Das Kokosgelee aus
der Form auf ein Brett
stürzen, die Folie ab-
ziehen. Das Gelee in
größere Würfel oder
Rauten schneiden.

7 Die Geleewürfel
oder -rauten mit den
Fruchtscheiben auf
Desserttellern anrich-
ten und mit Zitronen-
melisseblättchen gar-
nieren.

Kokosreis mit Kiwisauce

- Gelingt leicht
- Preiswert

Für 4 Personen:

Für den Reis:
60 g Kokosraspel
650 ml Milch
125 g Rundkornreis
(Milchreis)
2 EL Zucker
1 Päckchen Vanillezucker
1 unbehandelte Orange
Für die Sauce:
5 reife Kiwis
2 EL Puderzucker
1–2 EL Zitronensaft

Zubereitungszeit: 40 Min.

Pro Portion ca.: 410 kcal
9 g EW/15 g F/57 g KH

1 Für den Reis die
Kokosraspel in einer
Pfanne ohne Fett unter
Rühren goldgelb rösten.

2 Milch und Reis in
einen Topf geben.
Geröstete Kokosraspel,
Zucker und Vanille-
zucker einrühren. Alles
kurz aufkochen lassen
und den Reis zugedeckt
auf der ausgeschalteten
Herdplatte in etwa
30 Min. ausquellen
lassen.

3 Inzwischen für die
Sauce die Kiwis schälen.
Eine Kiwi in Scheiben
schneiden. Die restlichen
Früchte in Stücke schnei-
den und mit dem Puder-
zucker nur kurz pürieren.

4 Das Kiwipüree durch
ein Sieb streichen, mit
den Kiwischeiben ver-
mengen und mit etwas
Zitronensaft abschme-
cken.

5 Die Orange heiß
waschen, abtrocknen
und die Schale abrei-
ben. Die Orange aus-
pressen. Den Kokosreis
mit Orangenschale und
Orangensaft abschme-
cken. Den Reis lauwarm
mit der Kiwisauce an-
richten.

TIPP!

Die Kiwistücke für die
Sauce möglichst kurz
pürieren, sonst könnte
die Sauce bitter werden.

Im Bild links: Kokosjelly
mit Papaya
Im Bild rechts: Kokosreis
mit Kiwisauce

Mousse mit Kardamom

● Gut vorzubereiten
● Braucht etwas Zeit

Für 4 Personen:

200 g Edelbitter-
Schokolade
4 TL lösliches Espresso-
pulver
4 EL Kaffeelikör
1 TL gemahlener
Kardamom
200 g Sahne
3 ganz frische Eiweiße
1 EL Puderzucker
1 Päckchen Bourbon-
Vanillezucker
Kakaopulver zum
Bestreuen

Zubereitungszeit: 30 Min.
Kühlzeit: 2 Std.

Pro Portion ca.: 500 kcal
9 g EW/32 g F/41 g KH

1 Die Schokolade in
Stücke brechen und
in einer Schüssel über
einem warmen Wasser-
bad schmelzen, dann
lauwarm abkühlen
lassen.

2 Inzwischen das
Espressopulver in 3 EL
heißem Wasser auflö-
sen, den Likör und den
Kardamom unterrüh-
ren. Die Mischung nach
und nach unter die
Schokolade mischen.

3 Die Sahne halb fest
schlagen. Eiweiße mit
Puderzucker und Va-
nillezucker zu festem

Schnee schlagen und
unter die flüssige Scho-
kolade heben.

4 Von der Sahne 6 EL
abnehmen und zuge-
deckt kalt stellen. Die
übrige Sahne unter die
Schoko-Eiweiß-Masse
heben. Die Schoko-
Mousse in Gläser füllen
und zugedeckt für min-
destens 2 Std. oder
über Nacht kalt stellen.

5 Zum Servieren die
beiseite gestellte Sahne
auf die Mousse vertei-
len und die Mousse dick
mit gesiebtem Kakao-
pulver bestreuen.

Erdbeer-Tiramisu

● Für Gäste
● Aus Italien

Für 4 Personen:

2 Orangen
(davon 1 unbehandelt)
4 EL Puderzucker
40 g Mokka-Schokolade
750 g Erdbeeren
250 g Mascarpone
(ersatzweise Doppelrahm-
Frischkäse)
150 g Speisequark
1 Vanilleschote
2 EL Milch
4 EL Eierlikör
200 g Cantuccini
(ital. Mandelgebäck;
ersatzweise Löffelbiskuits)
1 EL gehackte Pistazien-
kerne (ungesalzen)

Zubereitungszeit: 50 Min.
Kühlzeit: 3 Std.

Pro Portion ca.: 765 kcal
14 g EW/40 g F/77 g KH

1 Die unbehandelte
Orange heiß waschen,
abtrocknen und die
Schale abreiben. Beide
Orangen auspressen.
Den Saft mit 1 EL Pu-
derzucker verrühren,
bis sich der Zucker
vollständig aufgelöst
hat. Die Schokolade
nicht zu fein hacken.

2 Die Erdbeeren wa-
schen, trockentupfen,
putzen und der Länge
nach in Scheiben
schneiden. Einige kleine
Erdbeeren zum Garnie-
ren beiseite legen.

3 Den Mascarpone mit
dem Quark und dem
restlichen Puderzucker
in eine Schüssel geben.
Die Vanilleschote längs
aufschlitzen, das Mark
herauskratzen und da-
zugeben.

4 Alle Zutaten in der
Schüssel mit den Quir-
len des Handrührgeräts
dick cremig aufschla-
gen. Die Orangenschale
und nach und nach die
Milch und den Eierlikör
unterrühren.

5 Eine kleinere, eckige
Form (etwa 28 x 14 cm),
die etwa 5 cm hoch sein
sollte, mit der Hälfte
des Mandelgebäcks
auslegen, mit der Hälfte
des Orangensafts be-
träufeln und mit 2 EL
gehackter Schokolade
bestreuen. Die Hälfte
der Erdbeerscheiben
darauf verteilen. Mit
der halben Menge
Mascarponecreme
bedecken.

6 Das restliche Man-
delgebäck darauf legen
und mit dem übrigen
Orangensaft beträu-
feln. Mit 2 EL Schokola-
de bestreuen. Die rest-
lichen Erdbeerscheiben
und zum Schluss die
übrige Mascarpone-
creme darauf verteilen.

Das Tiramisu abdecken und für mindestens 3 Std. oder über Nacht kalt stellen.

7 Zum Servieren die restlichen Erdbeeren waschen, putzen und längs halbieren oder ganz lassen. Das Tiramisu in Stücke schneiden. Jedes Stück mit den Erdbeeren und gehackten Pistazien garnieren.

VARIANTE

Das Tiramisu können Sie auch einmal mit frischen Himbeeren oder gehäuteten und in dünne Scheiben geschnittenen Pfirsichen oder Nektarinen zubereiten.

TIPP!

Statt rohem Eigelb wird hier wegen der Salmonellengefahr Eierlikör genommen. So kann das Tiramisu ohne Bedenken schon am Vorabend zubereitet werden.

Im Bild vorne: Erdbeer-Tiramisu
Im Bild hinten: Mousse mit Kardamom

Lebkuchenmousse

● Für Gäste
● Braucht etwas Zeit

Für 6 Personen:

Für die Mousse:
4 Blatt weiße Gelatine
150 g Haselnussmus (aus dem Glas)
300 g Sahne
50 g Puderzucker
1/4 TL Lebkuchengewürz
2 TL Zitronensaft
50 g Lebkuchen (ohne Glasur und Oblaten)
500 g Cremequark (0,2 g Fett)

Für die Sauce:
250 g Preiselbeeren (gezuckert; aus dem Glas)
150 ml Rotwein oder roter Fruchtsaft
1/2 EL Speisestärke
2–3 EL Puderzucker
2–3 EL Orangensaft

Für den Karamell:
50 g Zucker

Zubereitungszeit: 50 Min.
Kühlzeit: 2 Std.

Pro Portion ca.: 610 kcal
19 g EW/33 g F/55 g KH

1 Für die Mousse die Gelatine 5 Min. in kaltem Wasser einweichen. Das Nussmus in einer Schüssel mit 100 g Sahne, dem Puderzucker, dem Lebkuchengewürz und dem Zitronensaft glatt rühren.

2 Die Lebkuchen mit einem scharfen Messer in möglichst kleine Würfel schneiden. Die Würfel mit dem Creme-quark unter die Nuss-Sahne-Mischung rühren.

3 Die Gelatine ausdrücken und bei milder Hitze auflösen. Zuerst 2 EL der Lebkuchencreme mit der flüssigen Gelatine gut verrühren, dann diese Masse unter die übrige Creme mischen.

4 Die restliche Sahne steif schlagen und unterheben. Die Mousse in eine Schüssel füllen und zugedeckt mindestens 2 Std. oder über Nacht kalt stellen.

5 Für die Sauce die Preiselbeeren mit Rotwein oder Saft in einem kleinen Topf aufkochen lassen. Die Stärke mit wenig kaltem Wasser glatt rühren und untermischen, einmal kurz aufkochen lassen. Die Sauce mit Puderzucker und Orangensaft abschmecken. Abkühlen lassen.

6 Für das Karamell-gitter ein Stück Back-papier auf die Arbeits-fläche neben dem Herd ausbreiten. Den Zucker mit 2 EL Wasser in einer Pfanne schmelzen und goldgelb karamellisieren lassen.

7 Mit einer Gabel vom Karamell Fäden hochziehen.

Die Fäden gitterförmig auf das Backpapier ziehen. Das Gitter abkühlen lassen, danach in große Stücke brechen.

8 Zum Servieren die Lebkuchenmousse mit 2 heiß abgespülten Esslöffeln zu Nocken formen und auf Tellern anrichten. Die Preiselbeersauce drumherum anrichten und die Mousse mit Karamell-gitterstückchen garnieren.

VARIANTE

Im Frühling und im Sommer anstelle von Lebkuchen italienisches Mandelgebäck (Cantuccini) verwenden. Das Lebkuchengewürz dann gegen 1 TL abgeriebene, unbehandelte Orangenschale austauschen.

Grütze mit Beeren und Feigen

● Gut vorzubereiten
● Gelingt leicht

Für 4 Personen:

500 g gemischte Beeren
(z. B. Erdbeeren, Brombeeren, Johannisbeeren, Himbeeren)
300 g frische Feigen
1 Stück Schale von 1 unbehandelten Zitrone
2–3 EL Zucker
2 EL Speisestärke
200 g Sahne

Zubereitungszeit: 45 Min.
Kühlzeit: 1 1/2 Std.

Pro Portion ca.: 310 kcal
3 g EW/17 g F/33 g KH

1 Erdbeeren, Brombeeren und Johannisbeeren waschen, verlesen und abtropfen lassen. Von den Erdbeeren den Stielansatz entfernen, die Johannisbeeren von den Rispen streifen. Die Himbeeren nur falls nötig waschen.

2 Die Feigen vierteln und das Fruchtfleisch mit einem Löffel von der Haut lösen. Das Fruchtfleisch in Stücke schneiden.

3 Alle Früchte mischen. Gut die Hälfte davon in einen breiten Topf geben. Zitronenschale, 2 EL Zucker und 1/4 l Wasser zufügen. Alles aufkochen und zugedeckt bei schwacher Hitze etwa 5 Min. köcheln lassen, bis die Früchte zerfallen sind. Die Zitronenschale entfernen.

4 Die Früchte pürieren und durch ein feines Sieb in einen zweiten Topf streichen. Die Masse wieder aufkochen lassen. Die Stärke mit 6 EL Wasser glatt rühren, zum Fruchtpüree geben und unter ständigem Rühren 1 Min. kochen lassen. Den Topf von der Kochstelle nehmen.

5 Die restlichen Früchte unter die Grütze mischen und mit dem übrigen Zucker abschmecken. Die Grütze in 4 Schälchen oder in eine Schüssel füllen, abkühlen und danach im Kühlschrank in 1-2 Std. fest werden lassen.

6 Zum Servieren die Sahne flüssig lassen oder halbsteif schlagen und erst am Tisch auf die Beeren-Feigen-Grütze geben.

Crème brûlée mit Zitronengras

● Für Gäste
● Gut vorzubereiten

Für 4 Personen:

6 Stangen Zitronengras
1/4 l Milch
90 g Zucker
1 Stück Schale von
1 unbehandelten Limette
125 g Crème double
(ersatzweise Crème fraîche)
2 Eier und 2 Eigelbe
Saft von 1 Limette
3 EL brauner Zucker

Zubereitungszeit: 40 Min.
Garzeit: 30 Min.
Kühlzeit: 3 Std.

Pro Portion ca.: 240 kcal
5 g EW/14 g F/23 g KH

1 Das Zitronengras waschen, lose Hüllblätter, trockene Spitzen und den Wurzelansatz abschneiden. Das Zitronengras mit der breiten Seite des Messers anquetschen, dann in kleine Stücke schneiden.

2 In einem breiten Topf die Milch mit Zucker, Limettenschale und dem Zitronengras unter gelegentlichem Rühren zum Kochen bringen. Die Milchmischung von der Kochstelle nehmen und mindestens 30 Min. (oder über Nacht im Kühlschrank) ziehen lassen.

3 Die Milchmischung durch ein Sieb gießen, zurück in den Topf füllen. Die Crème double einrühren. Alles noch einmal erhitzen, aber nicht aufkochen.

4 Den Backofen auf 120° vorheizen. Die Eier und Eigelbe mit einem Schneebesen zu einer dickschaumigen Masse aufschlagen. Die Milch-Sahne-Mischung nach und nach unter kräftigem Schlagen zum Eierschaum geben. Den Limettensaft unterrühren.

5 Die Masse in 4 ofenfeste Förmchen (à 150–200 ml Inhalt) verteilen. Die Creme im Ofen (Mitte; Umluft 100°) etwa 30 Min. stocken lassen, sie sollte fest, aber noch nicht schnittfest sein.

6 Die Förmchen aus dem Ofen nehmen, die Creme abkühlen lassen und anschließend für etwa 3 Std. oder über Nacht in den Kühlschrank stellen.

7 Kurz vor dem Servieren den Backofen- oder Elektrogrill auf höchste Stufe vorheizen. Die

Crème mit braunem Zucker bestreuen und etwa 1 Min. unter dem Grill karamellisieren lassen, bis der Zucker eine goldbraune Kruste gebildet hat. Sofort servieren.

VARIANTE

Als würzige Alternative statt Zitronengras fein gehackten Rosmarin verwenden. Die Creme dann nach Rezept weiterverarbeiten und karamellisieren.

TIPP!

Zitronengras gibt es in Asienläden oder gut sortierten Gemüseläden. Sie können Zitronengras auch fein geschnitten und gefriergetrocknet in den Asienabteilungen großer Supermärkte finden.

Im Bild vorne: Grütze mit Beeren und Feigen
Im Bild hinten: Crème brûlée mit Zitronengras

Sauerrahm-Panna cotta

- Für Gäste
- Gut vorzubereiten

Für 4 Personen:

1 Vanilleschote
1 unbehandelte Zitrone
100 ml Milch
1 gehäufter TL Agar-Agar (Geliermittel aus Algen)
400 g saure Sahne
3 EL Ahornsirup
Für die Sauce:
250–300 g Himbeeren
40–50 g Puderzucker
1 TL Zitronensaft
Physalis (Kapstachelbeeren) zum Dekorieren (nach Belieben)

Zubereitungszeit: 35 Min.
Kühlzeit: 1 1/2 Std.

Pro Portion ca.: 240 kcal
5 g EW/11 g F/27 g KH

1 Die Vanilleschote längs halbieren und das Mark herauskratzen. Die Zitrone heiß waschen, abtrocknen und 1 TL Schale fein abreiben. Die Zitrone auspressen.

2 Die Milch mit dem Vanillemark und dem Agar-Agar in einem kleinen Topf vermischen. Unter Rühren aufkochen, 2 Min. köcheln und dann leicht abkühlen lassen.

3 Nach und nach die saure Sahne unter die Milchmischung rühren.

Die Zitronenschale zufügen. Die Masse mit Ahornsirup und 2–3 EL Zitronensaft abschmecken.

4 Die Sahnemasse in 4 kalt ausgespülte Timbale- oder andere Portionsförmchen (à 150 ml Inhalt) füllen und zugedeckt im Kühlschrank in mindestens 1 1/2 Std. oder über Nacht fest werden lassen.

5 Für die Sauce die Himbeeren verlesen und putzen, aber möglichst nicht waschen. Einige Beeren zum Dekorieren beiseite legen, den Rest mit 40 g Puderzucker mischen.

6 Die Himbeeren pürieren, danach durch ein Sieb streichen. Mit 1–2 TL Zitronensaft und dem restlichen Puderzucker abschmecken.

7 Die Sauerrahm-Panna cotta in den Förmchen mit einem spitzen Messer vom Rand lösen und auf Teller stürzen. Mit der Himbeersauce umgießen und mit den restlichen Früchten oder nach Belieben mit Physalis garnieren.

Cappuccino-Creme

- Gut vorzubereiten
- Aus Italien

Für 4 Personen:

100 g Edelbitter-Schokolade
200 g Sahne
3 TL lösliches Espressopulver
1 Päckchen Vanillezucker
1 EL Kaffeelikör oder Schokoladen-Sirup
150 g Mascarpone (ersatzweise Doppelrahm-Frischkäse)
1 TL Puderzucker
Schokoladenpulver zum Bestäuben

Zubereitungszeit: 25 Min.
Kühlzeit: 2 Std.

Pro Portion ca.: 500 kcal
5 g EW/42 g F/23 g KH

1 Die Schokolade mit einem Messer fein zerkleinern. In einer Edelstahlschüssel 80 g Sahne mit dem löslichen Espressopulver, dem Vanillezucker und dem Kaffeelikör oder Schokoladen-Sirup gut verrühren. Die Schokolade dazugeben.

2 Die Schüssel über ein heißes Wasserbad stellen und die Schokolade unter Rühren schmelzen lassen. Die Schüssel vom Wasserbad nehmen und die Espresso-Schoko-Masse etwas abkühlen lassen.

3 Von der restlichen Sahne 70 g nicht ganz steif schlagen. Den Mascarpone in eine Schüssel füllen und glatt rühren. Nach und nach die abgekühlte Espresso-Schoko-Masse untermischen. Zuletzt die geschlagene Sahne unterheben.

4 Die Cappuccino-Creme in nicht zu große Glas- oder Porzellanförmchen verteilen und abgedeckt zum Festwerden für mindestens 2 Std. oder über Nacht kalt stellen.

5 Zum Servieren die noch übrige Sahne mit dem Puderzucker steif schlagen und locker auf die Cappuccino-Creme verteilen. Mit einem Hauch Schokoladenpulver bestäuben.

TIPP!

Witzig sieht es aus, wenn Sie die Creme in kleine Tassen füllen, die Sahne als Haube darauf setzen und mit Schokoladenpulver bestäuben.

Im Bild links: Cappuccino-Creme
Im Bild rechts: Sauerrahm-Panna cotta

Eis oder heiß

Rund ums Jahr sind eiskalte Desserts ebenso beliebt wie solche, die warm und knusprig aus der Pfanne oder aus dem Ofen kommen. Das Eis in diesem Kapitel können Sie nirgends kaufen, aber selber machen. Die Mühe lohnt, denn damit erwärmen Sie die Herzen Ihrer Familie, Freunde und Gäste. Das gilt auch für alle fruchtig-heißen Nachspeisen.

Echt cool

Eine Eismaschine ist eine feine Sache, denn darin wird die Masse beim Gefrieren ständig durchgerührt und dadurch perfekt cremig. Wenn Sie keine Eismaschine besitzen, füllen Sie die Eismasse in eine große flache Schüssel und stellen Sie ins Gefrierfach. Sobald sich Kristalle bilden, jede halbe Stunde kräftig durchrühren, damit das Eis geschmeidig wird.

Wie in der Eisdiele

Haben Sie Lust, Eis einmal ganz stilecht wie beim Italiener zu essen? Dann sollten Sie es in Eisschalen aus Metall servieren, die es in Haushaltswarenläden zu kaufen gibt. Die Schalen vorher in den Kühlschrank stellen, damit das Eis nicht so schnell schmilzt. Beim Formen der Kugeln hilft ein Eisportionierer. Erst in heißes Wasser tauchen, dann lassen sich die Kugeln leicht abstechen.

Praktisch, aber kein Muss: eine Eismaschine

Food-Art

Originelles Fruchteis: Erdbeeren waschen und trockentupfen. Die Stiele entfernen und stattdessen einen kleinen Rosmarinzweig hineinstecken. Die Beeren für maximal 40 Min. ins Tiefkühlfach legen, sie sollen nicht durchfrieren. Mit verflüssigter Kuvertüre feine Linien auf die geeisten Erdbeeren spritzen. Die Beeren sofort servieren.

Eis-Revue

Groß ist die Auswahl an Eissorten, die der Handel bietet und die eine gute Basis für ein schnelles Dessert sind. Mit Eiswaffeln in Herz- oder Röllchenform, frischen Früchten oder einer selbst gemachten Fruchtsauce gleich doppelt gut, weil fix gemacht und auch optisch ein Vergnügen. Für die Sauce frische, tiefgekühlte oder konservierte Früchte wie beispielsweise Beeren, Kirschen, Kiwis, Mangos oder Papayas fein pürieren, durch ein Sieb streichen, dann mit etwas Puderzucker und Zitronen- oder Limettensaft abschmecken.

Ornamente zum Naschen

Raffinierte Dekorationen aus Karamell oder Schokolade für Eis und auch Cremes werden garantiert mächtig bestaunt. Dazu für den Karamell ein Stück Alufolie dünn mit Öl bestreichen, für die Kuvertüre ein Stück Backpapier ausbreiten. Mit verflüssigter Kuvertüre oder flüssigem Karamell (100 g Zucker mit 2 EL Wasser in einer Pfanne flüssig und hellgelb werden lassen) kleine Ornamente auf Folie bzw. Papier spritzen oder zeichnen. Fest werden lassen und vorsichtig ablösen.

Zarter Knuspermantel

Zum Umhüllen von Früchten mit Teig, wie beim Rezept Bananen im Reispapier auf Seite 58, können Sie auch andere Teige verwenden. Gut eignen sich hauchdünner Strudelteig (den es auch schon fertig zu kaufen gibt), Fillo- oder Yufkateig, die Sie in griechischen oder türkischen Lebensmittelläden finden. Früchte, die die Hitze besonders gut vertragen, sind außer Bananen noch Äpfel, Aprikosen, Ananas, Mispeln und Zwetschgen.

Bratäpfel – immer wieder ein Genuss

Gefüllte Äpfel aus dem Ofen sind echte Evergreens: Von gewaschenen Äpfeln die obere Hälfte abschälen, mit Zitronensaft bestreichen, die Kerngehäuse ausstechen. Die Äpfel mit einer Mischung aus Zucker, zerlassener Butter, gehackten Pistazien oder Mandeln füllen. Nebeneinander in eine ofenfeste Form setzen, mit etwas Cidre (Apfelwein) oder Apfelsaft begießen. Im Backofen (Mitte) bei 200° (Umluft 180°) etwa 1 Std. braten.

Heiß geliebte Waffeln

So einfach geht's: 100 g Mehl mit 100 g Sahne, 75 ml Milch, 3 kleinen Eiern, 30 g zerlassener Butter und 2 EL Zucker verrühren. Aus je 3 EL Teig im heißen Waffeleisen knusprige Waffeln backen.

Die Waffeln nach Belieben mit frischen Früchten, Fruchtkompott oder -sauce, Eis oder aromatisierter Sahne (Seite 17) servieren.

Bei Bratäpfeln bekommen nicht nur kleine Naschkatzen leuchtende Augen ...

Mandel-Semifreddo

● Für Gäste
● Aus Italien

Für 6-8 Personen:

1 EL ÖL für Alufolie
und Form
100 g geschälte Mandeln
100 g Zucker
2 ganz frische Eier
50 g Puderzucker
1 Päckchen Vanillezucker
250 g Sahne
abgeriebene Schale von
1 unbehandelten Orange
2 EL Mandel- oder Oran-
genlikör (nach Belieben)

Zubereitungszeit: 40 Min.
Gefrierzeit: 4 Std.

Bei 8 Personen
pro Portion ca.: 280 kcal
5 g EW/19 g F/22 g KH

1 Ein Stück Alufolie
einölen. Die Mandeln
mit einem großen Mes-
ser grob hacken. In
einer Pfanne ohne Fett
anrösten, bis sie duften,
dann aus der Pfanne
nehmen.

2 Den Zucker in die
Pfanne geben, bei mitt-
lerer Hitze schmelzen
und goldgelb karamelli-
sieren lassen. Die Pfanne
vom Herd nehmen und
die Mandeln schnell
unterrrühren. Die
Mischung sofort auf die
Alufolie streichen. Die
Mandeln völlig ausküh-
len lassen, danach nur
grob hacken.

3 Eine Kastenform von
1,5 l Inhalt mit etwas Öl
ausstreichen und mit
Frischhaltefolie aus-
legen.

4 Die Eier mit dem
Puderzucker und Vanil-
lezucker in einer Edel-
stahlschüssel verrühren.
Die Schüssel über ein
heißes Wasserbad
stellen und die Eier-
Zucker-Masse so lange
kräftig schlagen, bis sie
dickschaumig ist. Die
Schüssel in kaltes Was-
ser stellen und die Mas-
se unter gelegentlichem
Schlagen abkühlen
lassen.

5 Die Sahne steif schlagen. Zuerst Mandeln,
Orangenschale und
Likör, dann die Sahne
unter den Eierschaum
heben. Die Parfaitmasse
in die vorbereitete Form
füllen, glatt streichen
und mindestens 4 Std.
oder über Nacht gefrie-
ren lassen.

6 Etwa 20 Min. vor
dem Servieren die
Kastenform in kaltes
Wasser tauchen und
das Parfait mit der Folie
herausheben. Das Eis
einige Min. stehen las-
sen, in dicke Scheiben
schneiden und in Glas-
schalen anrichten.

Honig-Ingwer-Eis

● Raffiniert
● Braucht etwas Zeit

Für 4 Personen:

1 Stück frischer Ingwer
(2 cm) oder 1 TL Ingwer-
pulver
4 Eigelbe
100 g Orangenblüten-
oder Waldhonig
1 Päckchen Vanillezucker
150 g Sahne
100 g Dickmilch oder
Joghurt
Außerdem:
40 g kandierte Veilchen

Zubereitungszeit: 30 Min.
Gefrierzeit: 3 Std.

Pro Portion ca.: 335 kcal
6 g EW/21 g F/32 g KH

1 Frischen Ingwer
schälen und sehr fein
reiben. In einem fla-
chen Topf eine Hand
breit Wasser aufkochen
lassen.

2 Die Eigelbe mit dem
Honig, dem Vanillezu-
cker und dem frischen
Ingwer oder dem Ing-
werpulver in einer Edel-
stahlschüssel cremig
verrühren.

3 Die Schüssel über das
heiße Wasserbad stellen
und die Masse mit dem
Schneebesen so lange
kräftig schlagen, bis sie
dickschaumig ist. Die
Schüssel vom Wasser-
bad nehmen, in kaltes

Wasser stellen und die
Masse unter Rühren
abkühlen lassen.

4 Die Sahne steif
schlagen, die Dickmilch
oder den Joghurt glatt
rühren, Sahne und
Dickmilch oder Joghurt
unter die Eier-Honig-
Masse ziehen. Die Eis-
masse in einer Eisma-
schine gefrieren lassen,
oder in eine breite Edel-
stahlschüssel füllen und
für mindestens 3 Std. in
das Gefrierfach stellen,
dabei mehrmals kräftig
durchrühren, damit das
Eis cremig wird.

5 Das Honig-Ingwer-
Eis etwa 10 Min. vor
dem Servieren im Kühl-
schrank antauen lassen.
Dann portionieren und
mit den kandierten
Veilchen in Dessert-
schalen oder Gläsern
anrichten.

*Im Bild vorne: Mandel-
Semifreddo*
*Im Bild hinten: Honig-
Ingwer-Eis*

Frozen Heidelbeerjoghurt

● Gelingt leicht
● Preiswert

Für 4 Personen:

300 g tiefgekühlte oder frische Heidelbeeren
1 Päckchen Vanillezucker
4 EL Zitronensaft
300 g Sahnejoghurt
300 g Vollmilchjoghurt
6-8 EL Ahornsirup
100 g Sahne
4 Eiswaffel-Tüten (nach Belieben)

Zubereitungszeit: 35 Min.
Gefrierzeit: 4 Std.

Pro Portion ca.: 260 kcal
7 g EW/13 g F/27 g KH

1 Tiefgekühlte Heidelbeeren kurz antauen lassen. Frische Beeren waschen, verlesen und gut abtropfen lassen. 4 EL Beeren beiseite stellen.

2 Die restlichen Heidelbeeren im Mixer oder mit dem Pürierstab pürieren. Das Püree durch ein feines Sieb streichen. Danach mit dem Vanillezucker und dem Zitronensaft vermischen.

3 Beide Joghurtsorten mit 6 EL Ahornsirup glatt rühren. Das Heidelbeerpüree untermischen. Die Sahne steif schlagen. Sahne und ganze Heidelbeeren unter die Masse heben. Mit dem restlichen Ahornsirup abschmecken.

4 Die Masse in einer Eismaschine gefrieren lassen. Oder die Eismasse in eine breite Edelstahlschüssel füllen und für mindestens 4 Std. in das Gefrierfach stellen, dabei mehrmals kräftig durchrühren.

5 Zum Servieren das Eis etwas antauen lassen. Mit einem Eisportionierer Kugeln abstechen, in Waffeltüten füllen oder in Gläsern anrichten.

VARIANTE

Probieren Sie dieses Eis auch mit anderen Beerensorten wie Erdbeeren, Brombeeren oder mit entsteinten Kirschen, blanchierten und pürierten Aprikosenhälften oder Mangofruchtfleisch.

Karibikeis

● Raffiniert
● Braucht etwas Zeit

Für 4 Personen:

Für das Eis:
3 EL kernlose Rosinen
5 EL Rum oder Wasser
50 g Cashewkerne (ersatzweise ungesalzene geröstete Erdnüsse)
1 unbehandelte Orange
1 l Vanilleeis (Fertigprodukt)
1/4 TL frisch geriebene Muskatnuss
Außerdem:
400 g exotische Früchte (z. B. Kumquats, Karambole, Kiwi, Papaya, Mango)
2 Zweige Zitronenmelisse

Zubereitungszeit: 30 Min.
Gefrierzeit: 3 Std.

Pro Portion ca.: 460 kcal
8 g EW/21 g F/54 g KH

1 Die Rosinen in ein Sieb geben und unter heißem Wasser waschen. Die Rosinen in ein kleines Schüsselchen geben und mit Rum oder warmem Wasser übergießen. Die Rosinen zugedeckt 20 Min. ziehen lassen.

2 Inzwischen die Cashewkerne mit einem Messer fein hacken und in einer Pfanne ohne Fett goldgelb rösten. Aus der Pfanne nehmen und beiseite stellen. (Geröstete Erdnüsse nur fein hacken.)

3 Die Orange heiß waschen, abtrocknen und die Schale abreiben. Die Orange dann auspressen.

4 Ein Spitzsieb mit Frischhaltefolie auslegen, sodass nichts herauslaufen kann, oder 4 spitz zulaufende Cocktailgläser mit Frischhaltefolie auslegen (ersatzweise Portionsförmchen).

5 Das Vanilleeis in eine Schüssel füllen und leicht antauen lassen. Mit den Quirlen des Handrührgeräts einmal kurz durchrühren.

6 Die marinierten Rosinen mit dem Rum, die gerösteten Cashewkerne oder Erdnüsse, die Orangenschale, den Orangensaft und den Muskat unter das Eis mischen.

7 Die Eismasse entweder in das Spitzsieb oder in die Cocktailgläser füllen. Das Spitzsieb so in ein passendes Gefäß stellen, dass es gerade steht. Spitzsieb oder Cocktailgläser in das Gefrierfach stellen. Das Eis in 3 Std., am besten aber über Nacht gefrieren lassen.

8 Zum Servieren die Früchte je nach Sorte schälen, putzen und in dekorative Stücke schneiden. Die Zitronenmelisse waschen, trockenschütteln und die Blättchen abzupfen.

9 Den großen Eiskegel aus dem Sieb auf eine große Platte oder die kleinen Eiskegel aus den Gläsern auf Dessertteller stürzen. Mit den Fruchtstücken und Melisseblättchen umlegen.

VARIANTE

Im Handumdrehen steht diese Eisvariation auf dem Tisch – allerdings nur für Erwachsene: Fertig gekauftes Vanilleeis antauen lassen, mit Whisky kurz cremig rühren. In Gläser füllen und mit fertiger Schokoladensauce begießen oder Schokostreusel darüber streuen.

**Im Bild vorne: Frozen
Heidelbeerjoghurt
Im Bild hinten: Karibikeis**

Rosen-Cremeeis

● Braucht etwas Zeit
● Raffiniert

Für 4-6 Personen:

Für die Zuckerrosen:
1 Eiweiß
12 Rosen-Blütenblätter
(ohne Pflanzenschutz-
mittel!)
50 g Zucker
Für das Eis:
80 g frische oder tief-
gekühlte Himbeeren
200 g Sahne
2 Eigelbe
60 g Zucker
2-4 EL Rosenwasser
(aus der Apotheke)

Zubereitungszeit: 40 Min.
Gefrierzeit: 4 Std.

Bei 6 Personen
pro Portion ca.: 210 kcal
3 g EW/13 g F/20 g KH

1 Für die Zuckerrosen
das Eiweiß kurz auf-
schlagen und die Rosen-
Blütenblätter damit
einpinseln. Dann mit
Zucker bestreuen und
trocknen lassen.

2 Für das Eis die frischen oder tiefgekühl-
ten Himbeeren mit 3 EL
Wasser einmal kräftig
aufkochen lassen, da-
nach durch ein feines
Sieb streichen.

3 Die Sahne heiß wer-
den, aber nicht aufko-
chen lassen. Die Eigelbe
mit dem Zucker und
2 EL lauwarmem Was-

ser in einer Edelstahl-
schüssel verrühren.
Über einem heißen
Wasserbad hellgelb und
schaumig aufschlagen.

4 Von der Sahne 4 EL
unter die Eischaum-
masse rühren. Nach
und nach die restliche
Sahne dazugießen.
Alles über dem heißen
Wasserbad so lange
schlagen, bis die Masse
heiß und dickschaumig
ist.

5 Die Schüssel mit der
Eismasse zum Abkühlen
in kaltes Wasser stellen,
dabei ab und an um-
rühren. Das Himbeer-
püree einrühren und
die Eismasse mit Rosen-
wasser abschmecken.

6 Die Masse in einer
Eismaschine gefrieren
lassen oder in eine fla-
che Edelstahlschüssel
füllen und mindestens
4 Std. im Gefrierfach
gefrieren lassen, dabei
öfters gut umrühren.

7 Zum Servieren das Eis
leicht antauen lassen.
In einen Spritzbeutel
mit großer Rosettentül-
le füllen und dekorativ
in vorgekühlte Gläser
spritzen. Mit den Zu-
ckerrosen dekorieren
und sofort servieren.

Geeiste Schoko-Nuss-Würfel

● Für Gäste
● Gelingt leicht

Für 4-6 Personen:

1 unbehandelte Orange
50 g Mokka-Schokolade
100 g Edelbitter-
Schokolade
2 Eigelbe
60 g Zucker
50 g Sahne
50 g weiche Butter
50 g Walnusskerne
Kakaopulver zum
Bestäuben
Walnusskernhälften zum
Dekorieren (nach Belieben)

Zubereitungszeit: 35 Min.
Gefrierzeit: 4 Std.

Bei 6 Personen
pro Portion ca.: 270 kcal
4 g EW/19 g F/21 g KH

1 Die Orange heiß
waschen und die Schale
fein abreiben. Die Oran-
ge auspressen.

2 Beide Schokoladen-
sorten in Stücke bre-
chen und über dem
heißen Wasserbad
schmelzen.

3 Eigelbe und Zucker in
einer Edelstahlschüssel
über dem heißen Was-
serbad dickschaumig
aufschlagen.

4 Die Schüssel vom
Wasserbad nehmen. Die
Orangenschale, den

Orangensaft, die Sahne
und die Butter in klei-
nen Stücken unter die
Eier-Zucker-Masse rüh-
ren. Zum Schluss die
Walnusskerne grob
hacken und unter die
Schokoladenmasse
mischen.

5 Eine hohe eckige
Edelstahlform (etwa
15 x 12 cm) mit Frisch-
haltefolie auslegen. Die
Eismasse hineingießen,
in das Gefrierfach stel-
len und mindestens
4 Std. oder über Nacht
gefrieren lassen.

6 Zum Servieren das
Eis auf ein großes Brett
stürzen, die Folie ab-
ziehen. Das Eis dick mit
Kakaopulver bestäuben.
Mit einem in heißes
Wasser getauchten
Messer in etwa 3 x 3 cm
große Würfel schnei-
den. Nach Belieben mit
Walnusskernhälften
verzieren.

**Im Bild vorne: Rosen-
Cremeeis
Im Bild hinten: Geeiste
Schoko-Nuss-Würfel**

Aprikosen in Weinteig

● Raffiniert
● Für Gäste

Für 4 Personen:

1 Ei
100 ml Weißwein
120 g Mehl
1 Prise Salz
30 g Butter
500 g Aprikosen
2 EL ungesalzene Pistazienkerne
1/2 l Öl zum Ausbacken
1 EL Zucker
Mehl zum Wenden
200 g saure Sahne
2 Päckchen Bourbon-Vanillezucker

Zubereitungszeit: 45 Min.

Pro Portion ca.: 590 kcal
9 g EW/41 g F/42 g KH

1 Für den Teig das Ei trennen. Das Eigelb in einer Schüssel mit dem Weißwein, dem Mehl und dem Salz zu einem glatten Teig verrühren. Die Butter schmelzen lassen und untermischen. Den Teig abgedeckt etwa 30 Min. quellen lassen.

2 Inzwischen die Aprikosen waschen, abtrocknen, halbieren und entsteinen. Die Pistazienkerne sehr fein hacken.

3 Das Öl in einem breiten Topf auf etwa 180° erhitzen. Die Tempera-

tur ist richtig, wenn an einem hineingehaltenen Holzlöffelstiel kleine Bläschen aufsteigen.

4 Das Eiweiß steif schlagen, dabei den Zucker einrieseln lassen. Eischnee unter den Weinteig heben.

5 Die Aprikosenhälften zuerst in Mehl wenden, dann durch den Teig ziehen und portionsweise im heißen Öl in etwa 3 Min. goldbraun werden lassen. Mit einem Schaumlöffel herausheben und auf Küchenpapier entfetten.

6 Die saure Sahne mit dem Vanillezucker cremig aufschlagen und die Pistazien unterheben. Die Pistaziensahne zu den heißen Aprikosenküchlein servieren.

TIPPS!

Außerhalb der Aprikosensaison Früchte aus der Dose nehmen, gut abtropfen lassen und zusätzlich trockentupfen. Wenn Sie das Dessert ohne Alkohol zubereiten möchten, anstelle von Wein 100 ml Mineralwasser oder Milch verwenden.

Bananen in Reispapier

● Preiswert
● Fettarm

Für 4 Personen:

4 EL Zucker
200 ml Milch
6 Blatt Reispapier (aus dem Asienladen)
4 Zweige Minze
3 Bananen
2 Kiwis
2 EL Öl
1–2 EL Zitronensaft

Zubereitungszeit: 20 Min.

Pro Portion ca.: 210 kcal
3 g EW/7 g F/34 g KH

1 Für die Karamellsauce den Zucker mit 2 EL Wasser in einem Topf verrühren. Die Mischung erhitzen und, wenn sich der Zucker vollständig gelöst hat, rühren, bis der Zucker leicht gebräunt ist. Von der Kochstelle nehmen. Die Milch einrühren, alles wieder erhitzen und unter gelegentlichem Rühren zu einer sämigen Sauce köcheln lassen.

2 Die Reispapierblätter jeweils halbieren und in kaltem Wasser 2 Min. einweichen. Minze waschen, die Blätter abzupfen und trockentupfen. Reispapierblätter vorsichtig auf einem Küchentuch ausbreiten und trockentupfen.

3 Die Bananen schälen, jeweils längs und quer halbieren. Je ein Bananenviertel auf das breite Ende einer Reispapierhälfte setzen, 2 Minzeblätter obenauf legen und die Banane in das Reispapier wickeln.

4 Die Kiwis schälen und in Scheiben schneiden. Das Öl in einer großen Pfanne erhitzen. Die Bananenpäckchen darin rundherum in 2–3 Min. goldbraun backen. Kurz auf Küchenpapier abtropfen lassen.

5 Die Karamellsauce mit etwas Zitronensaft abschmecken. Sauce, gebackene Bananen und die Kiwischeiben auf Tellern anrichten und mit den übrigen Minzeblättchen garnieren.

Im Bild vorne: Aprikosen in Weinteig
Im Bild hinten: Bananen in Reispapier

Kirsch-Ricotta-Gratin

● Gelingt leicht
● Aus Italien

Für 4 Personen:

700 g Sauerkischen
(frisch oder aus dem Glas)
2 EL Kirschwasser (nach
Belieben)
2 TL weiche Butter
1 Vanilleschote
40 g Marzipan-Rohmasse
oder 4 EL gemahlene
Mandeln
2 Eier
1 Prise Salz
4 EL Puderzucker
250 g Ricotta
(ital. Frischkäse; ersatzweise Speisequark)
einige Blättchen Zitronenmelisse

Zubereitungszeit: 30 Min.
Backzeit: 15 Min.

Pro Portion ca.: 370 kcal
12 g EW/16 g F/38 g KH

1 Frische Kirschen waschen, abtropfen lassen,
entstielen und entstei-
nen. Kirschen aus dem
Glas in einem Sieb ab-
tropfen lassen. (Den
Saft auffangen und
anderweitig verwen-
den.) Die Kirschen nach
Belieben mit Kirsch-
wasser beträufeln.

2 Den Backofen auf
200° vorheizen. Eine
große Auflaufform oder
4 kleine Gratinförm-
chen mit Butter auspin-
seln. Die Vanilleschote
längs aufschlitzen und
das Mark mit einem
spitzen Messer heraus-
kratzen.

3 Die Marzipan-Roh-
masse mit einer Gabel
zerdrücken. Die Eier
trennen. Die Eiweiße mit
der Prise Salz zu steifem
Schnee schlagen.

4 Die Eigelbe in einer
Schüssel mit 3 1/2 EL
Puderzucker, der Mar-
zipan-Rohmasse oder
den gemahlenen Man-
deln, dem Vanillemark
und dem Ricotta glatt
rühren. Den Eischnee
unter die Ricottamasse
heben.

5 Etwa drei Viertel der
Kirschen in die Auflauf-
form oder die Gratin-
förmchen verteilen. Die
Ricottamasse gleich-
mäßig darauf verteilen.
Die restlichen Kirschen
obenauf geben.

6 Das Gratin im Ofen
(2. Schiene von unten;
Umluft 180°) 12-15 Min.
gratinieren, bis die Ober-
fläche goldbraun ist.

7 Vor dem Servieren
die Kräuterblättchen
waschen, das Gratin
damit garnieren und
nach Belieben mit dem
restlichen Puderzucker
bestäuben.

Zwetschgen-Crumble

● Gelingt leicht
● Preiswert

Für 4 Personen:

750 g Zwetschgen (ersatz-
weise blaue Pflaumen)
1 EL Puderzucker
1 Päckchen Orangen-
fruchtaroma
1 Msp. gemahlene Nelken
50 g Mehl
2 EL Zucker
2–3 EL Kokosraspel
50 g kalte Butter

Zubereitungszeit: 20 Min.
Backzeit: 20 Min.

Pro Portion ca.: 310 kcal
3 g EW/16 g F/37 g KH

1 Die Zwetschgen
waschen und trocken-
reiben, dann längs hal-
bieren und entsteinen.
Zwetschgenhälften
längs in Spalten
schneiden.

2 Den Puderzucker mit
dem Orangenfrucht-
aroma und den gemah-
lenen Nelken ver-
mischen und unter die
Zwetschgenspalten
rühren. Zugedeckt kurz
marinieren.

3 Den Backofen auf
180° vorheizen. Für den
Crumble das Mehl in
eine Schüssel sieben.
Den Zucker und die
Kokosraspel untermi-
schen. Die kalte Butter
in kleine Flöckchen
schneiden und dazu-
geben. Alles mit den
Fingerspitzen zu Brö-
seln zerkrümeln.

4 Die marinierten
Zwetschgen mit dem
entstandenen Saft ent-
weder in eine flache
Auflaufform oder in
4 ofenfeste Förmchen
verteilen. Die Kokos-
brösel darüber ver-
teilen.

5 Die Auflaufform oder
die Förmchen in den
Ofen (2. Schiene von
unten; Umluft 160°)
schieben und den
Crumble in 15-20 Min.
goldbraun backen und
noch warm servieren.

TIPP!
Zum Crumble können
Sie halbsteif geschlage-
ne Sahne, cremig ge-
rührte Crème fraîche
oder Vanilleeis servieren.

Im Bild vorne: Zwetschgen-
Crumble
Im Bild hinten: Kirsch-
Ricotta-Gratin

Impressum

© 2001 Gräfe und Unzer Verlag GmbH, München. Alle Rechte vorbehalten. Nachdruck, auch auszugsweise, sowie Verbreitung durch Film, Funk und Fernsehen, durch fotomechanische Wiedergabe, Tonträger und Datenverarbeitungssysteme jeglicher Art nur mit schriftlicher Genehmigung des Verlages.

Redaktion: Stefanie Poziombka
Lektorat: Alessandra Redies
Layout, Typographie und Umschlaggestaltung:
Heinz Kraxenberger
Satz und Herstellung: Verlagssatz Lingner
Produktion: Helmut Giersberg
Titelbild: Michael Brauner
Fotos: Kai Mewes
Foodstyling: Akos Neuberger
Reproduktion: Repro Schmidt
Druck und Bindung: Kaufmann Lahr
ISBN 3-7742-3264-4

Auflage	5.	4.	3.	2.	1.
Jahr	05	04	03	02	01

Marlisa Szwillus
Aus der Liebe zum Kochen und der Freude am Essen wurde Berufung. Die Diplom-Oecotrophologin leitete mehrere Jahre lang das Kochressort der größten deutschen Food-Zeitschrift. Sie arbeitet seit 1993 freiberuflich als Fachjournalistin und Buchautorin in München. Sie ist Mitglied des Food-Editors-Clubs Deutschland und verknüpft als Expertin in ihren aktuellen Themen stets die gesunde Ernährung mit dem kulinarischen Genuss.

Kai Mewes
ist selbstständiger Food-Fotograf in München und arbeitet für Verlage und Werbung. Sein Studio mit Versuchsküche befindet sich in der Nähe des Viktualienmarktes. Die stimmungsvollen Bilder sind Ausdruck seiner Hingabe, Fotografie und kulinarischen Genuss zu vereinen.

GASHERD-TEMPERATUR
Die Temperaturstufen bei
Gasherden variieren von
Hersteller zu Hersteller.
Welche Stufe Ihres Herdes
der jeweils angegebenen
Elektro-Temperatur ent-
spricht, entnehmen Sie bit-
te der Gebrauchsanweisung.

ABKÜRZUNGEN

TL	=	Teelöffel
EL	=	Esslöffel
Msp.	=	Messerspitze
kcal	=	Kilokalorien
EW	=	Eiweiß
F	=	Fett
KH	=	Kohlenhydrate

Das Original mit Garantie

Ihre Meinung ist uns
wichtig. Deshalb
möchten wir Ihre
Kritik, gerne aber auch
Ihr Lob erfahren.
Um als führender
Ratgeberverlag für Sie
noch besser zu werden.
Darum: Schreiben Sie
uns! Wir freuen uns
auf Ihre Post und
wünschen Ihnen viel
Spaß mit Ihrem
GU-Ratgeber.

Unsere Garantie: Sollte
ein GU-Ratgeber
einmal einen Fehler
enthalten, schicken Sie
uns das Buch mit
einem kleinen Hinweis
und der Quittung
innerhalb von sechs
Monaten nach dem
Kauf zurück. Wir
tauschen Ihnen den
GU-Ratgeber gegen
einen anderen zum
gleichen oder
ähnlichen Thema um.

Ihr Gräfe und Unzer Verlag
Redaktion Kochen
Postfach 86 03 25
81630 München
Fax: 089 / 4 19 81 – 103
e-mail:
leserservice@graefe-und-unzer.de